“课程整合视域下中职公共基础课程教学的实践研究”课题
“信息技术+学科”研究方向阶段研究成果

信息化应用教学技术手册

陈　芳◎主　编
倪　彤　李　果◎副主编

中国铁道出版社有限公司
CHINA RAILWAY PUBLISHING HOUSE CO., LTD.

内 容 简 介

本书是“课程整合视域下中职公共基础课程教学的实践研究”课题“信息技术 + 学科”研究方向阶段研究成果。在“互联网 +”时代，对一线教师来说，线上线下混合式教学中的教学技术应用是必备的信息素养。本书充分考虑到职业教育改革对教师信息化教学能力的要求，结合信息技术与教学融合的发展现状进行编写。

本书注重实际应用，旨在帮助教师学会运用信息化工具解决教学实际问题，掌握简练、实用、接地气的教学设计与教学技术，高效率、高质量地完成教学设计、教学实施和教学创新。本书由 8 个项目 42 个任务所构成，每个任务的完成都有详细的操作方法和步骤，图文并茂，简单易懂。

本书可作为职业院校教师学习“互联网 + 教学技术”的参考书，也可作为职业院校教师参加全国职业院校技能大赛教学能力比赛的技术手册。

图书在版编目（CIP）数据

信息化应用教学技术手册 / 陈芳主编 .— 北京 : 中国铁道出版社有限公司，2024.3

ISBN 978-7-113-30891-9

Ⅰ. ①信…　Ⅱ. ①陈…　Ⅲ. ①教学技术 - 信息化 - 手册
Ⅳ. ① G424-62

中国国家版本馆 CIP 数据核字（2024）第 014087 号

书　　名：信息化应用教学技术手册
作　　者：陈　芳

策　　划：张松涛　　　　**编辑部电话：**（010）83527746
责任编辑：张松涛　李学敏
封面设计：刘　颖
责任校对：苗　丹
责任印制：樊启鹏

出版发行：中国铁道出版社有限公司（100054，北京市西城区右安门西街 8 号）
网　　址：http://www.tdpress.com/51eds/
印　　刷：北京盛通印刷股份有限公司
版　　次：2024 年 3 月第 1 版　2024 年 3 月第 1 次印刷
开　　本：787 mm × 1 092 mm　1/16　**印张：**10.5　**字数：**235 千
书　　号：ISBN 978-7-113-30891-9
定　　价：40.00 元

前　言

“十四五”期间，国家职业教育提质培优行动计划将职业教育“三教”改革向纵深推进。随着信息技术与教育教学的深度融合，在“课堂革命”兴起的当下，教学环境、教学资源、教学模式和教学管理发生了深刻的变化。教育信息化手段和方法的不断创新，特别是将数字媒体、大数据、互联网、人工智能等新一代信息技术融入教育教学工作的方方面面，打破了传统教学中时间与空间的限制，更加注重学习者的自主性、学习内容的丰富性和教学过程的高效性。未来，智慧教室、虚拟实验、电子书包、3D打印技术、VR技术、AR技术、交互技术等新技术会在教学中普及，这些都需要职业院校教师掌握信息化教学的技能。教师作为信息化教学过程中的主导者，积极主动、与时俱进地提高自身信息化教学的能力，对培养学生的学习能力及创新意识具有重要意义。如何推动职业院校教师充分利用信息化教学手段，推动教育教学改革，提高教育教学质量，已成为职业院校教师素质提升的重要课题。

本书是2021年四川省省级立项课题“课程整合视域下中职公共基础课程教学的实践研究”“信息技术＋学科”研究方向的阶段研究成果，由8个项目42个任务构成，全方位从思维导图、课件、微课、音视频等常用教学软件、教学网络平台，按照任务导入、任务实施的基本流程开展案例实践。

本书特色为结果导向、任务驱动、讲练结合、学以致用并配有相关学习资源，手把手指导职业院校教师实操。本书语言通俗易懂，步骤清晰，以图说文，特别适合信息化应用初学者学习，有信息化基础的读者也可以从本书学到大量应用软件和应用平台的高级功能和新增功能。

本书由四川省成都市郫都区友爱职业技术学校陈芳任主编，安徽省汽车工业学校倪彤、四川省成都市郫都区友爱职业技术学校李果任副主编，四川省成都市郫都区友爱职业技术学校陈爱华、尹小玲参与编写。

由于时间仓促，编者水平有限，书中难免存在疏漏和不足之处，恳请专家、教师和读者提出宝贵意见。

编　者

2023年5月

目　录

项目一 思维导图

思维导图是一种可视化的、表达发散性思维有效的图形思维工具，在教学中有着非常突出的作用。它简单却又极其有效，运用图文并重的技巧，把各级主题的关系用相互隶属与相关的层级图表现出来，把主题关键词与图像、颜色等建立记忆链接。教学中，常用的思维导图软件有Mubu、MindMaster、iMindMap、Xmind等。

任务一　认识幕布

任务导入

幕布（Mubu）是极简的大纲笔记，它可将分级的文字一键转换为思维导图。此外，幕布还能进行多人协同工作，将绘制的思维导图导出为图片、分享成二维码和网址等。

任务实施

步骤 1　打开IE浏览器，输入幕布网址，打开幕布工作界面，如图1-1所示。单击右上角“登录/注册”按钮，进入登录界面。

图1-1　幕布启动界面

步骤 2 输入手机号，获取验证码，进行登录。也可使用“微信”扫一扫，快速登录幕布，如图1-2所示。

步骤 3 单击“新建”→“新建文档”按钮，开始创建一个幕布文档。先输入主标题“幕布的使用”，然后再逐行输入其他内容，如图1-3所示。

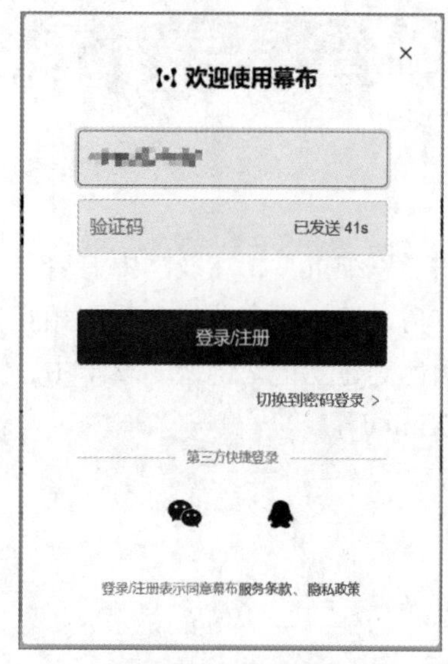

图1-2 幕布登录界面

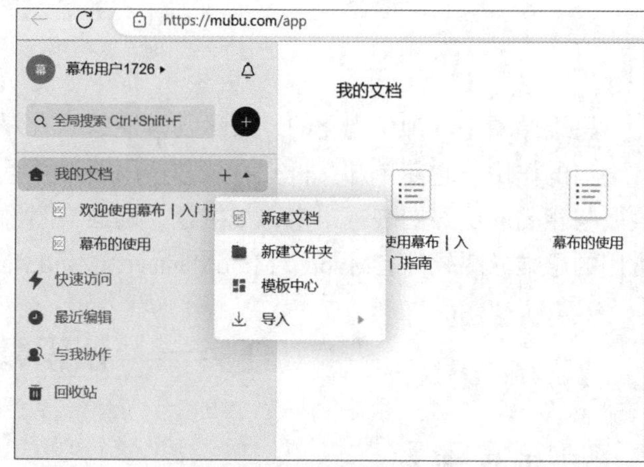

图1-3 创建文档

步骤 4 鼠标指向文字之前的“·”，出现下拉菜单，可进行添加图片、设置文本颜色、删除等操作，如图1-4所示。

图1-4 下拉菜单

步骤 5 右击“欢迎使用幕布 | 入门指南”→“邀请协作”命令，打开“邀请协作者”对话框，可对多人协作的文档分配管理员、编辑者、阅读者权限，如图1-5所示。

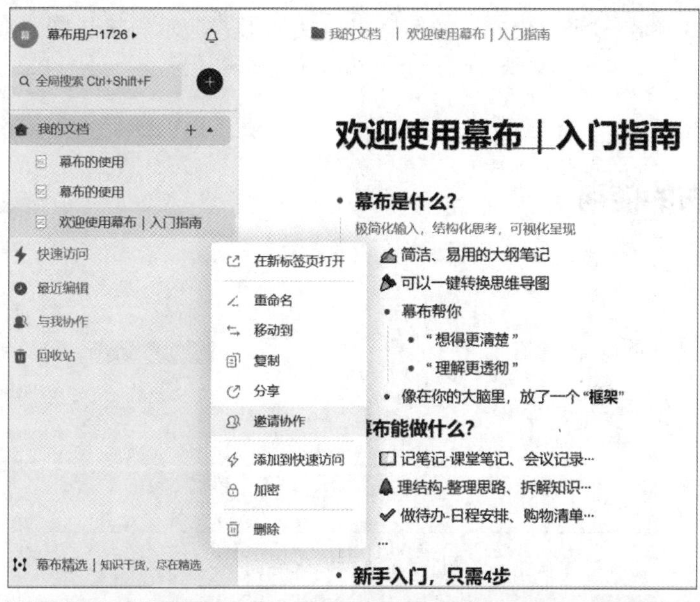

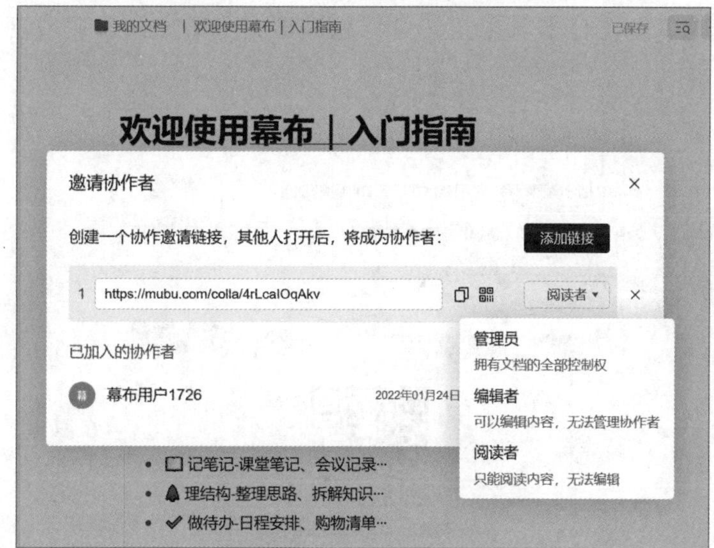

图1-5　邀请协作界面

步骤 6　单击“查看思维导图”按钮，可一键生成思维导图，并可设定导图的外观样式，还可将思维导图导出成图片，如图1-6所示。

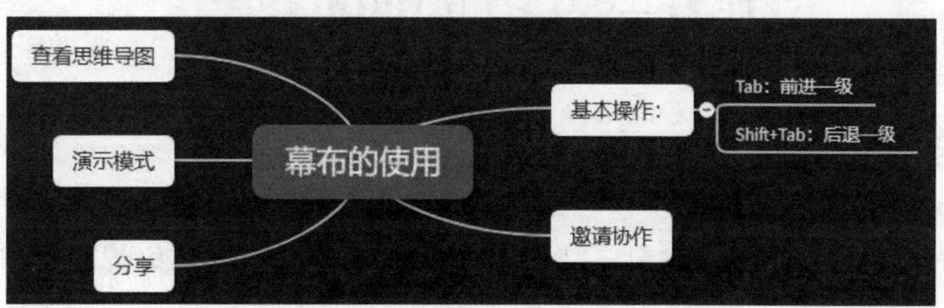

图1-6　生成思维导图

步骤 7　单击“演示模式”按钮，可以文档形式演示思维导图，如图1-7所示。

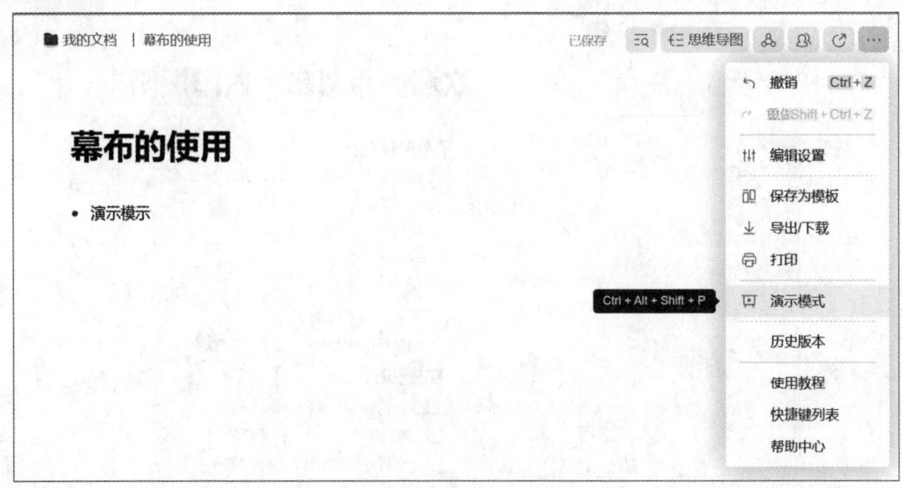

图1-7　演示模式界面

步骤 8　单击“分享”按钮，可将思维导图分享成二维码或网址，如图1-8所示。

图1-8　分享文档界面

任务二　认识MindMaster

任务导入

MindMaster 的思维导图结构包含一个中心主题和若干分支主题，除了基本的思维导图结构外，MindMaster 还提供组织结构图、树状图、逻辑图、鱼骨图、甘特图、辐射图等。

MindMaster 的头脑风暴模式允许用户在创意工厂里按组分类灵感，建立一个无压力的场景，让用户全心全意关注脑海中闪烁的思维火花。

任务实施

步骤 1　启动 MindMaster，如图1-9所示。在可用模板区域，双击任一图标可进入思维导图的制作。

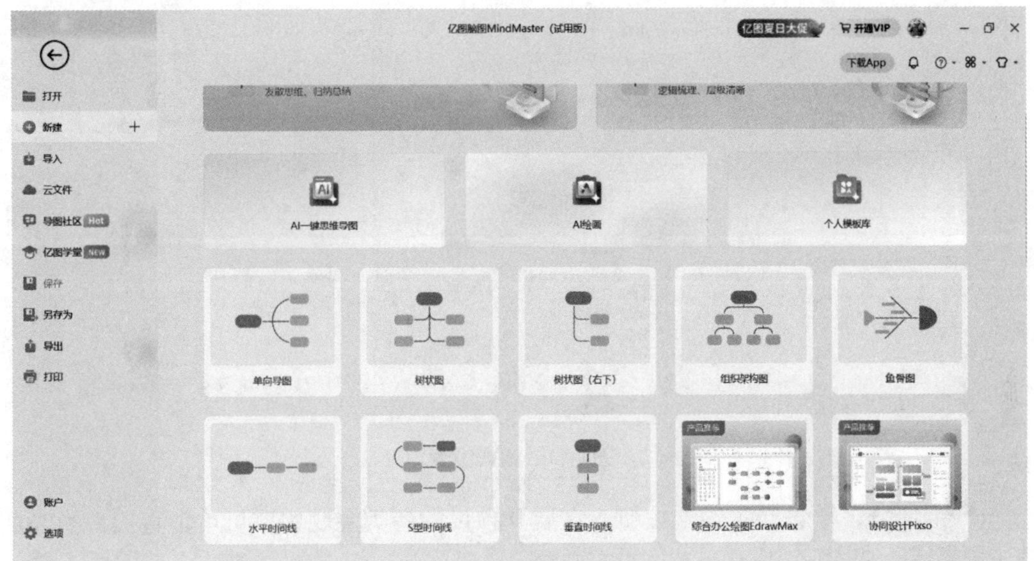

图1-9　启动 MindMaster

步骤 2　以鱼骨图为例，双击图标进入各级主题编辑，如图1-10所示。

具体操作：

【Enter】键：增加本级主题；

【Tab】键：增加下一级主题；

【Delete】键：删除本级主题。

图1-10　鱼骨思维导图

步骤 3　在思维导图右侧的“格式”面板可设置字体、主题、边框、分支等格式，如图1-11所示。

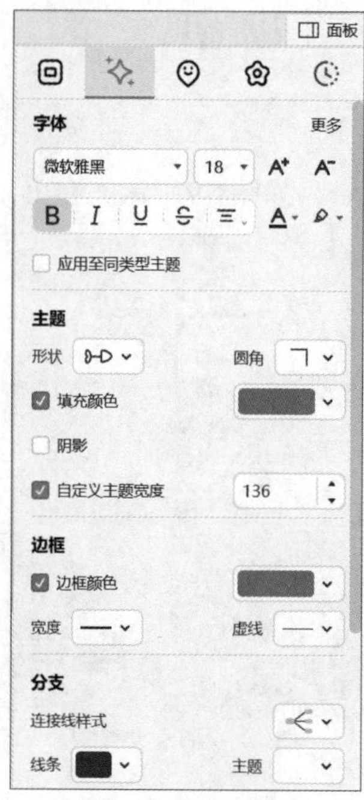

图1-11　格式设置

步骤 4　单击“主题”按钮，在展开预设的各类主题中，可单击直接替换当前的主题样式，如图1-12所示。

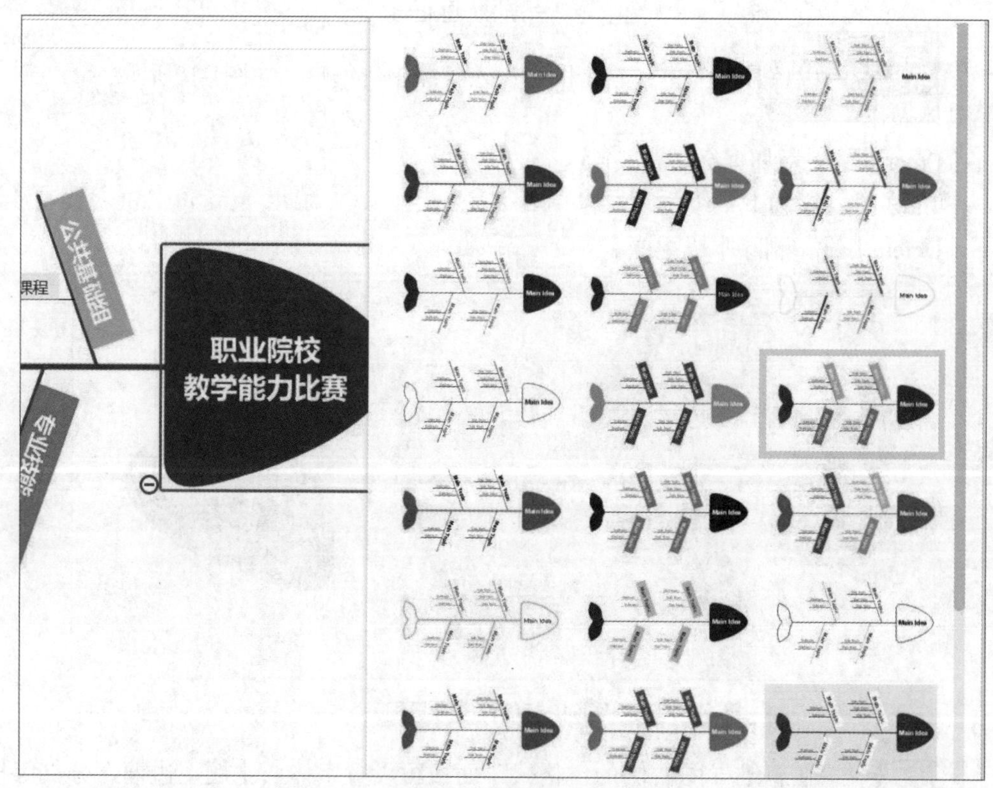

图1-12　主题样式选择

步骤 5　选中某一个分支主题，单击“图标”按钮，可在当前主题插入一个图标符号，如图1-13所示。

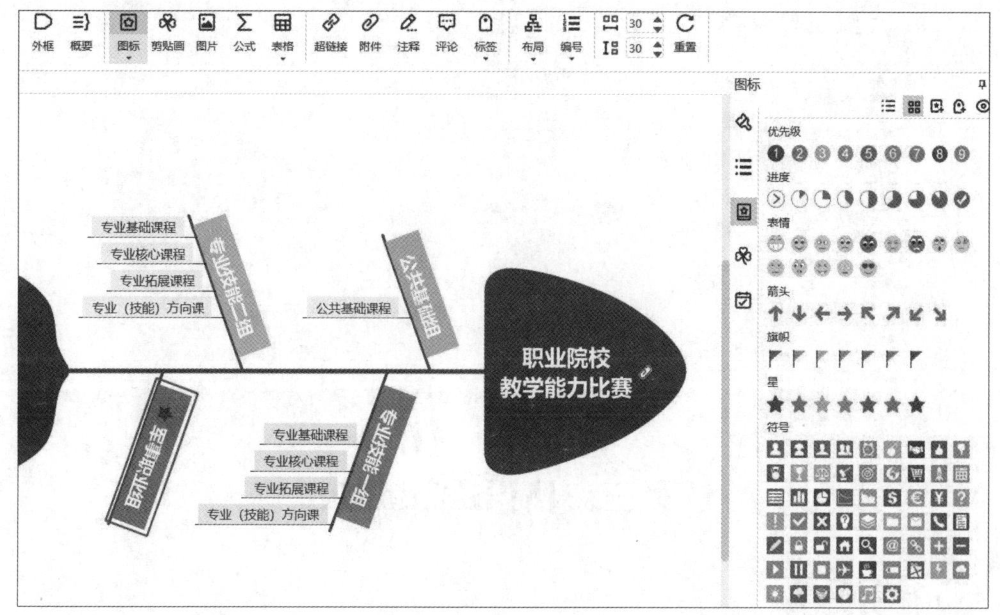

图1-13　插入图标符号

步骤 6　选中某一个分支主题，单击“附件”按钮，可添加若干个附件文档，如图1-14所示。

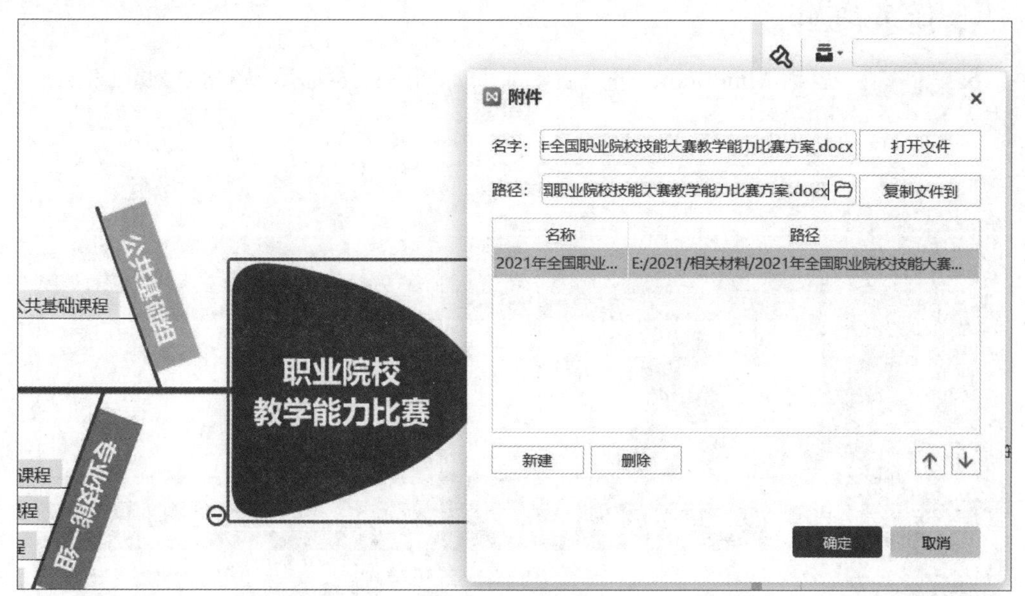

图1-14　添加附件

步骤 7　单击“文件”→“导出”按钮，可将制作好的思维导图导出为图片或Office 文档等，如图1-15所示。

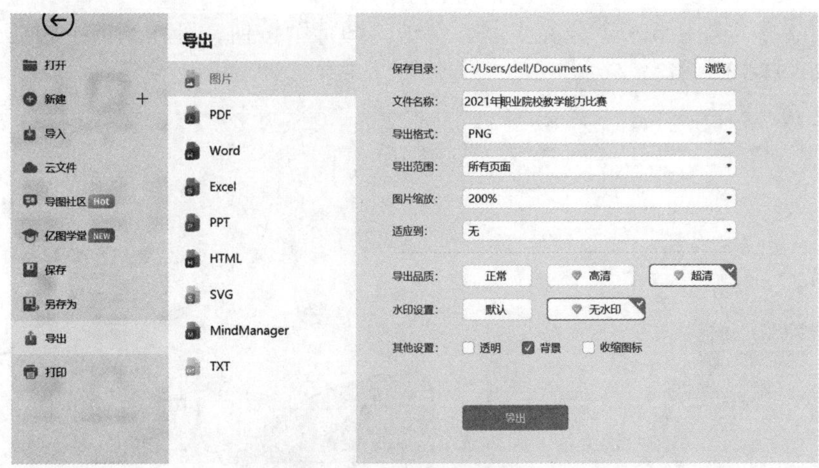

图1-15　文件导出界面

任务三　认识iMindMap

任务导入

iMindMap 是思维导图创始人托尼·巴赞（Tony Buzan）开发的软件，线条自由且具有手绘功能。它特别适用于头脑风暴、策划和管理项目、创建演示文稿等。

任务实施

步骤 1 启动iMindMap，进入启动界面，如图1-16所示。单击“Mind Map”图标进入下一个对话框。

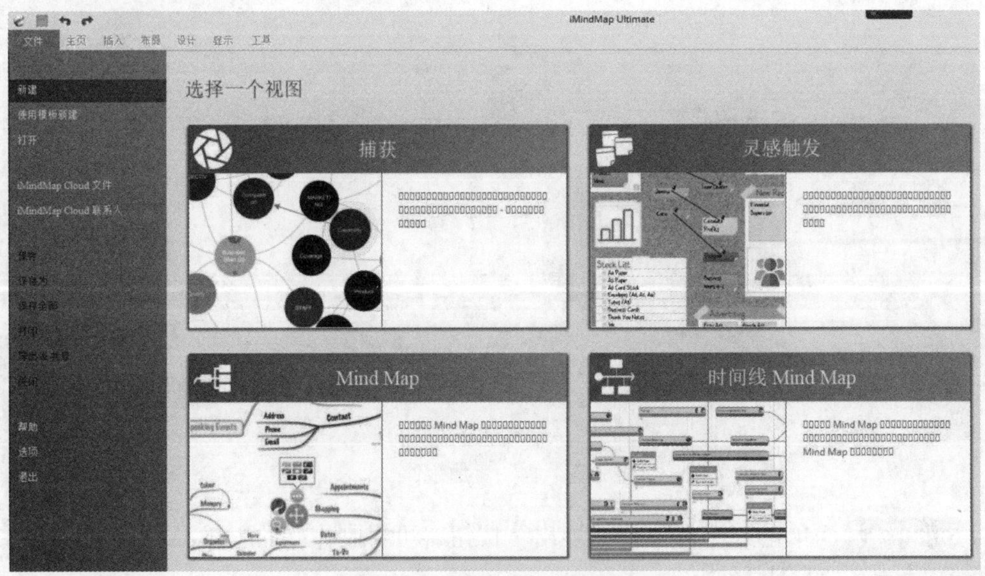

图1-16　iMindMap启动界面

步骤2　选择“Mind Map”视图，在“Mind Map”工作界面，单击某一个中心主题图标，再单击“开始”按钮，就进入思维导图的编辑界面，如图1-17所示。

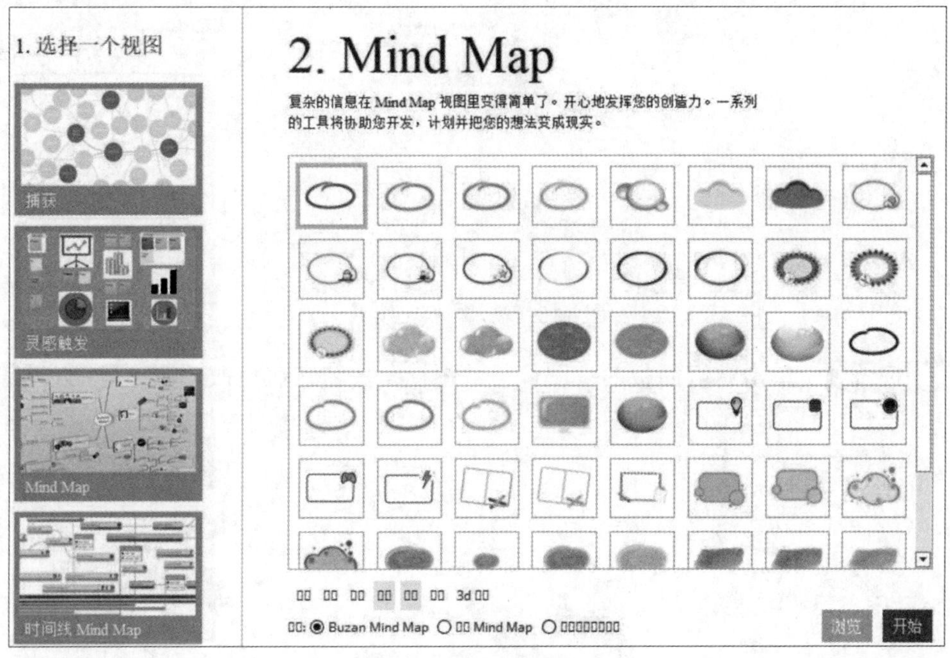

图1-17　思维导图的编辑界面

步骤3　在编辑界面，先输入中心主题，如图1-18（a）所示，然后用鼠标拖动出其他分支，输入相应的内容，如图1-18（b）所示。

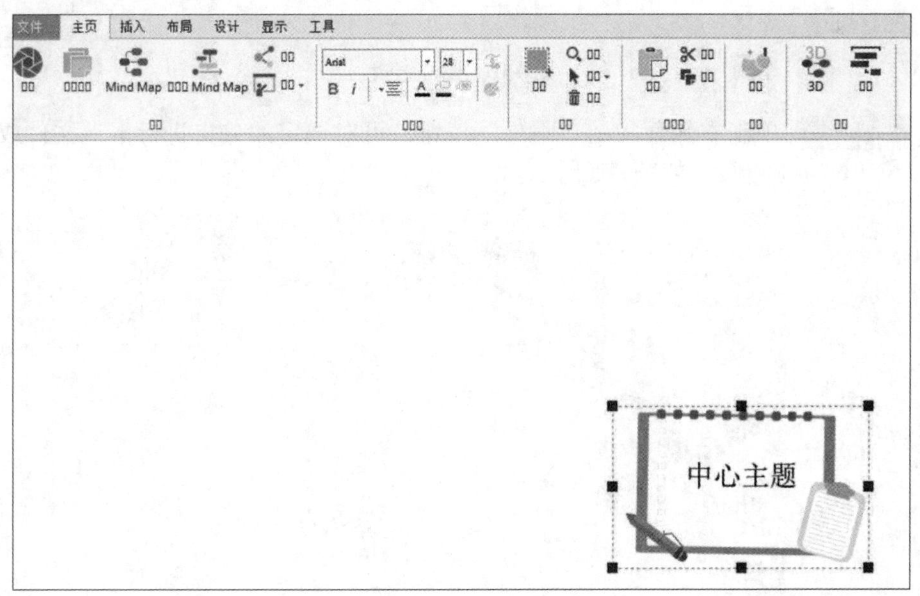

（a）输入中心主题

图1-18　输入内容

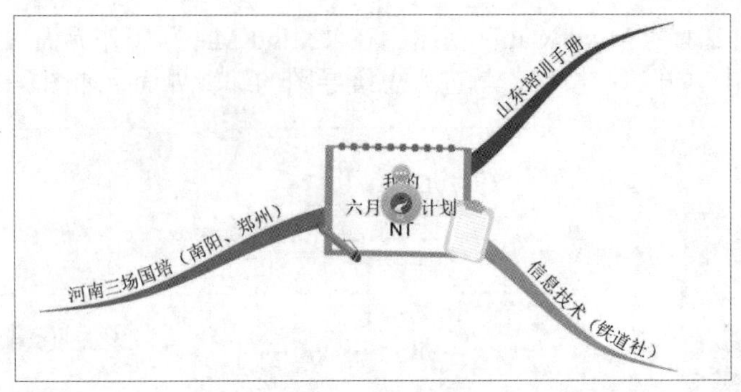

（b）输入分支内容

图1-18　输入内容（续）

步骤 4　单击右侧面板的“图像”“图标”按钮，可更改中心主题的背景图，同时还能给各分支添加图标，如图1-19所示。

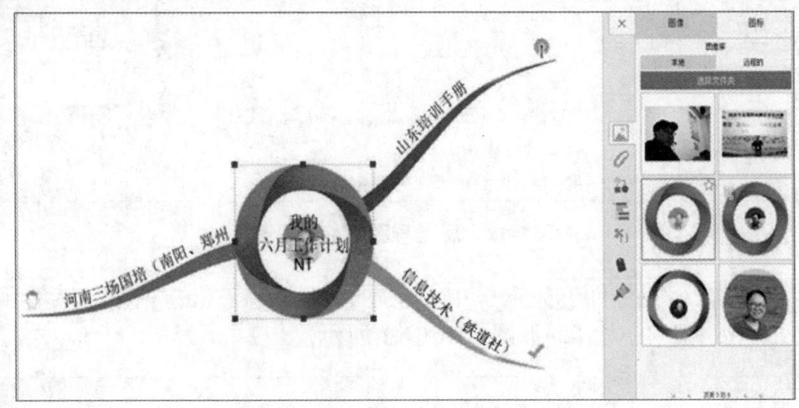

图1-19　图标编辑

步骤 5　单击右侧面板的“附件”按钮，可对选定的分支进行本地文件或统一资源定位（URL）链接，如图1-20所示。

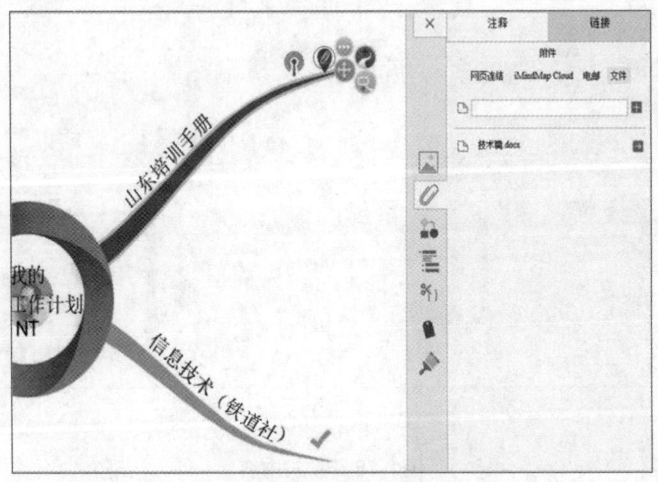

图1-20　资源定位

步骤6　单击右侧面板的“格式”按钮，可对选定的分支进行字体、分支、色彩等设置，如图1-21所示。

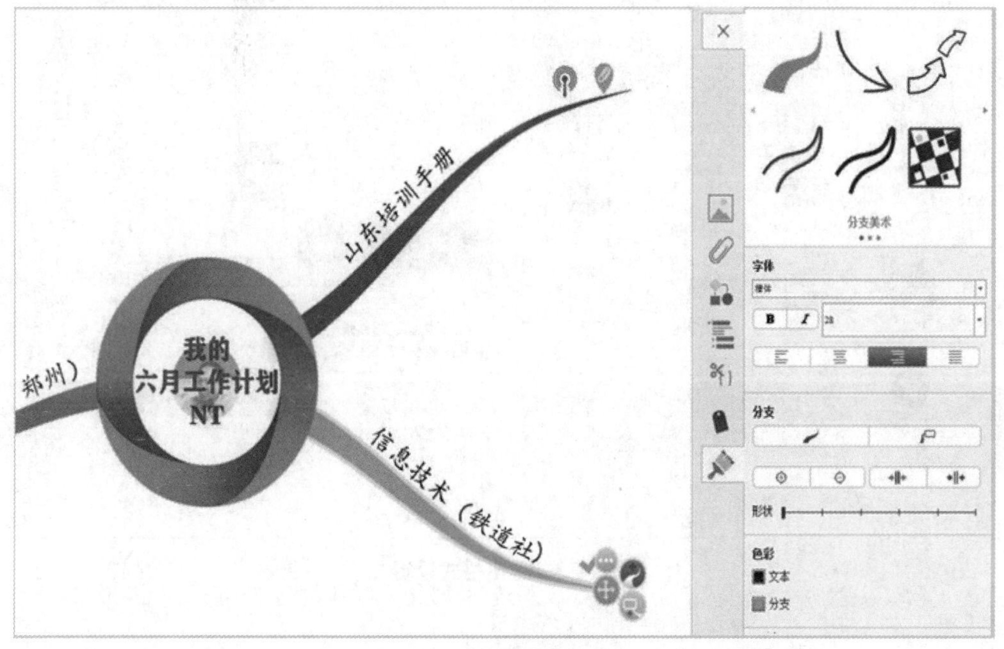

图1-21　格式设置

步骤7　单击“演示”按钮，可将绘制好的思维导图创建成能连续播放的幻灯片，如图1-22所示。

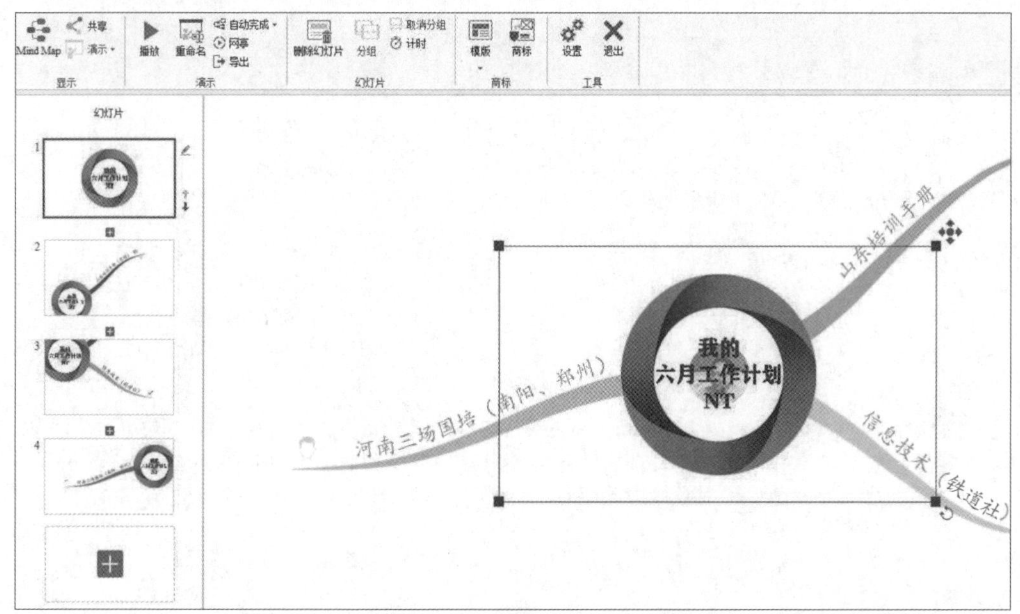

图1-22　连续播放幻灯片

步骤8　单击“文件”→“导出&共享”按钮，可将绘制好的思维导图导出为

PDF、PNG或JPG格式的文档，如图1-23所示。

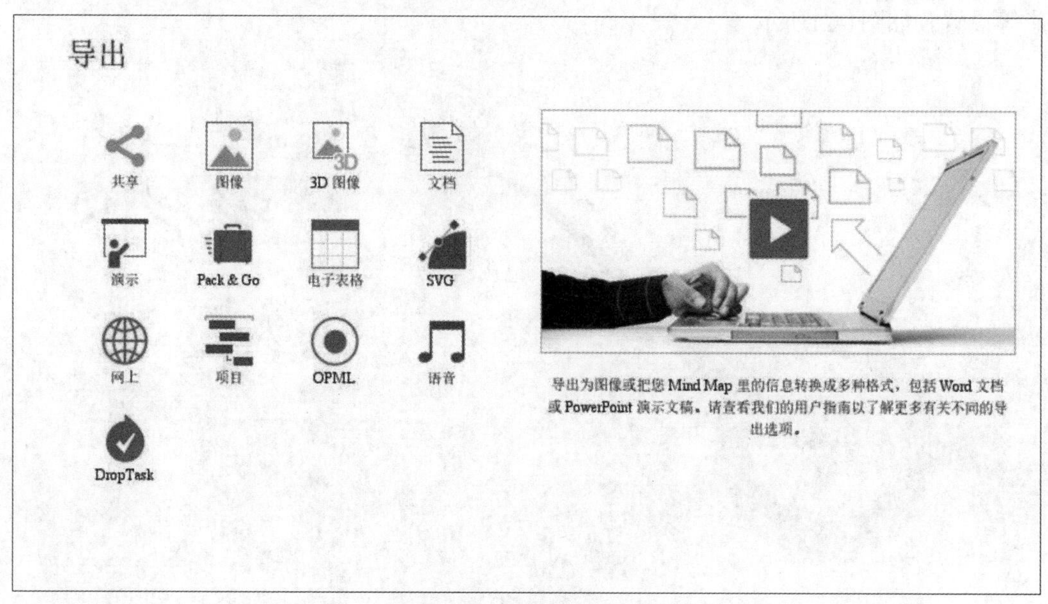

图1-23 导出格式设置

项目二 初级课件制作

初级课件制作就是在 PowerPoint 的基础上，通过添加 PPT 插件来方便、快捷地制作课件。因为 PowerPoint 是当今业界的标准之一，以其第三方插件的形式，在其界面上添加功能菜单，实现对 PowerPoint 的功能扩展，以方便用户的使用。

雨课堂、101 教育 PPT、iSlide 等都属于 PPT 插件。

任务一　了解PowerPoint 2019 新功能

任务导入

相对于旧版本，PowerPoint 2019 做了较大改进，增添了很多实用功能。

任务实施

步骤 1　启动 PowerPoint 2019 软件，新建一个幻灯片文档，单击“设计”选项卡，选择“水滴” 模板，如图2-1所示。

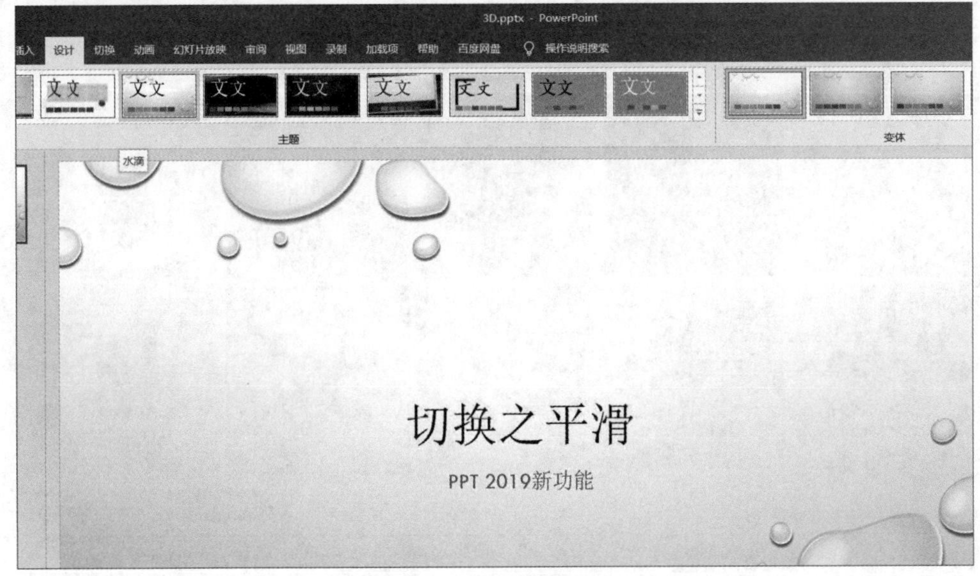

图2-1　PPT 模板选择

步骤 2　单击“插入”→“3D模型按钮-库存3D模型”按钮，打开“联机3D模型”对话框，此处可模糊检索要插入的3D模型，如图2-2所示。

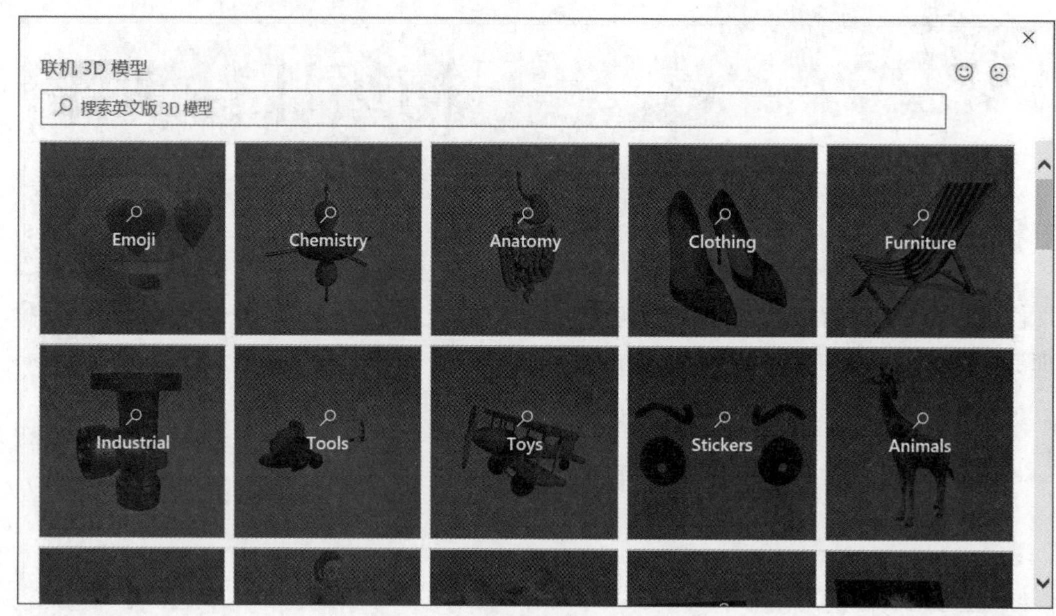

图2-2　“联机3D模型”对话框

步骤 3　输入“Traveler”进行搜索，可打开相应的对话框；单击“飞机”按钮，可将一个三维的飞机模型插入当前页面。

注：拖动对象中心按钮，可将其做360°立体旋转，如图2-3所示。

（a）“飞机”按钮

图2-3　插入模型

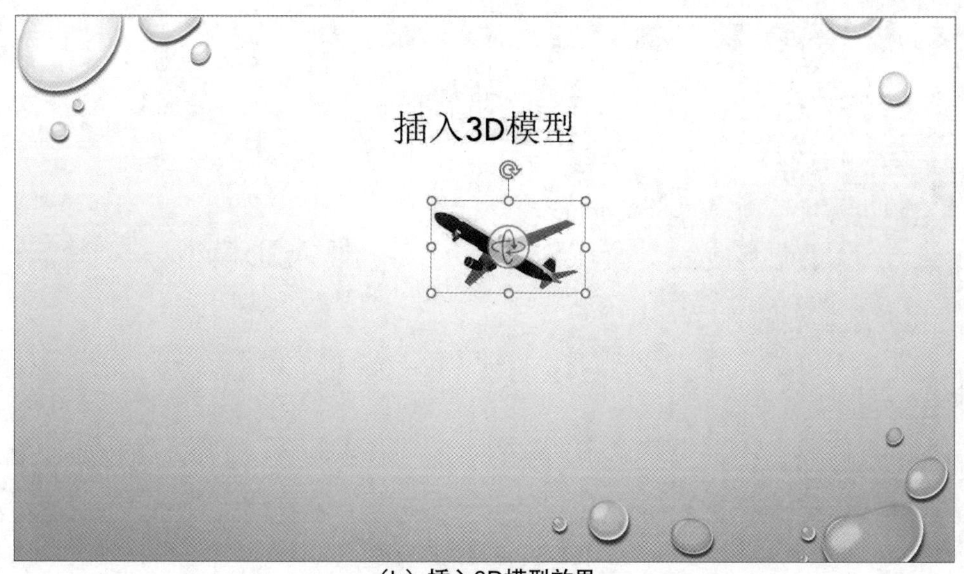

（b）插入3D模型效果

图2-3　插入模型（续）

步骤4　复制第二张幻灯片成第三张幻灯片，调整第二张幻灯片上文字和飞机的位置到页面之外，准备制作“平滑”动画，如图2-4所示。

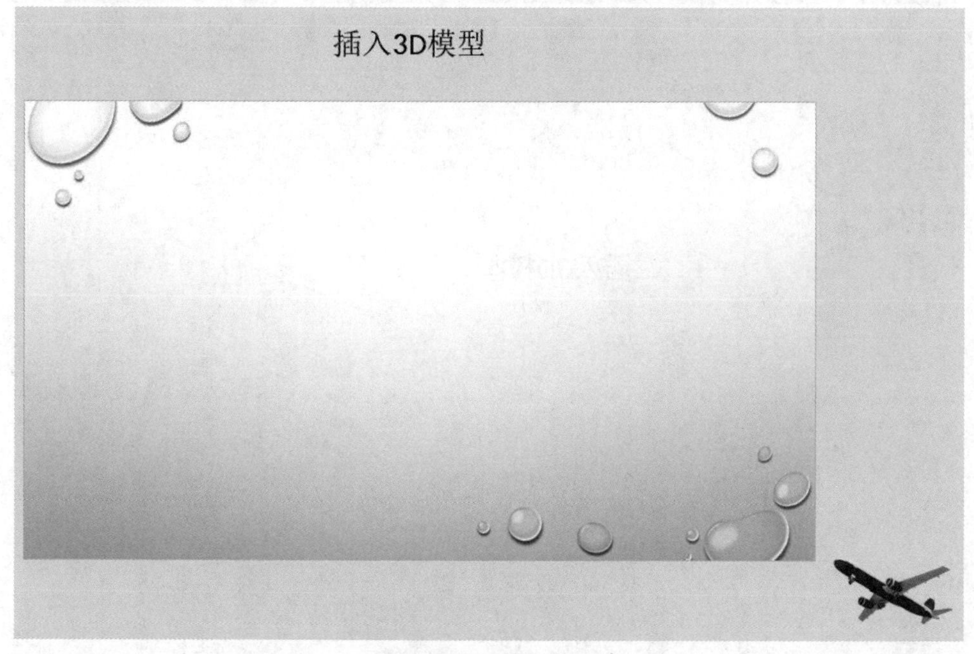

图2-4　复制幻灯片

步骤5　选中第三张幻灯片，单击“切换”→“平滑”按钮，第二、三页上的对象将自动开启“平滑”动画，单击“预览”按钮，可见文字自上而下落到页面中央，飞机自右下方飞往左上方，如图2-5所示。

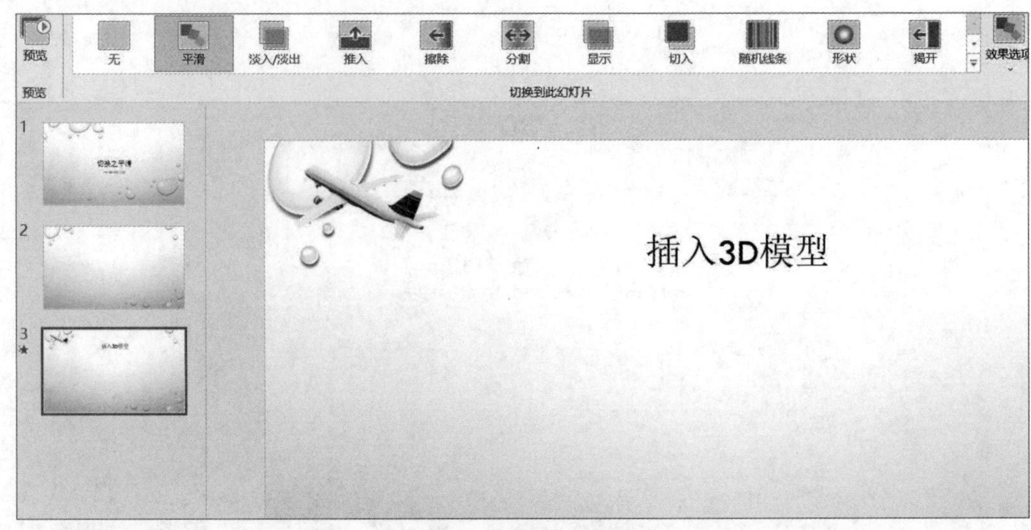

图2-5　平滑效果设置

步骤 6　在第三张幻灯片上插入文本框，输入文字“感谢聆听”，将文本框移至幻灯片的右侧，单击“切换”选项卡，再单击“效果选项”→“文字” 按钮，设置文字类对象的动画效果，如图2-6所示。

图2-6　文字类对象动画效果设置

步骤 7　新建并选中第四张幻灯片，将“感谢聆听”文本框复制、粘贴于当前页面，单击“切换”→“平滑”按钮，完成文本框的动画设置，如图2-7所示。

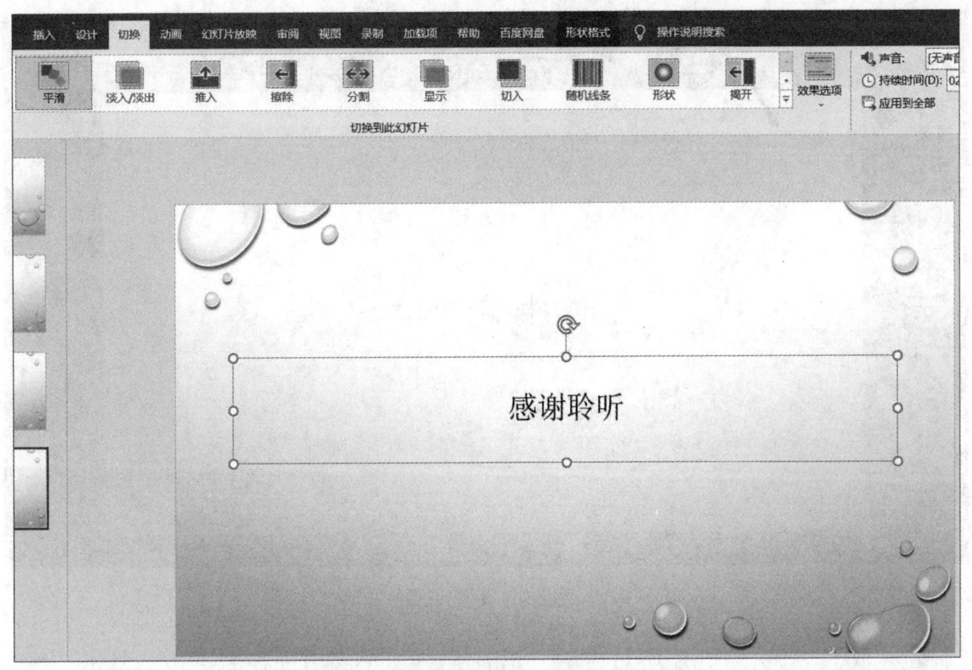

图2-7　设置平滑效果

步骤 8　单击“录制”→“录制幻灯片演示”→“从头开始录制”按钮，如图2-8所示。

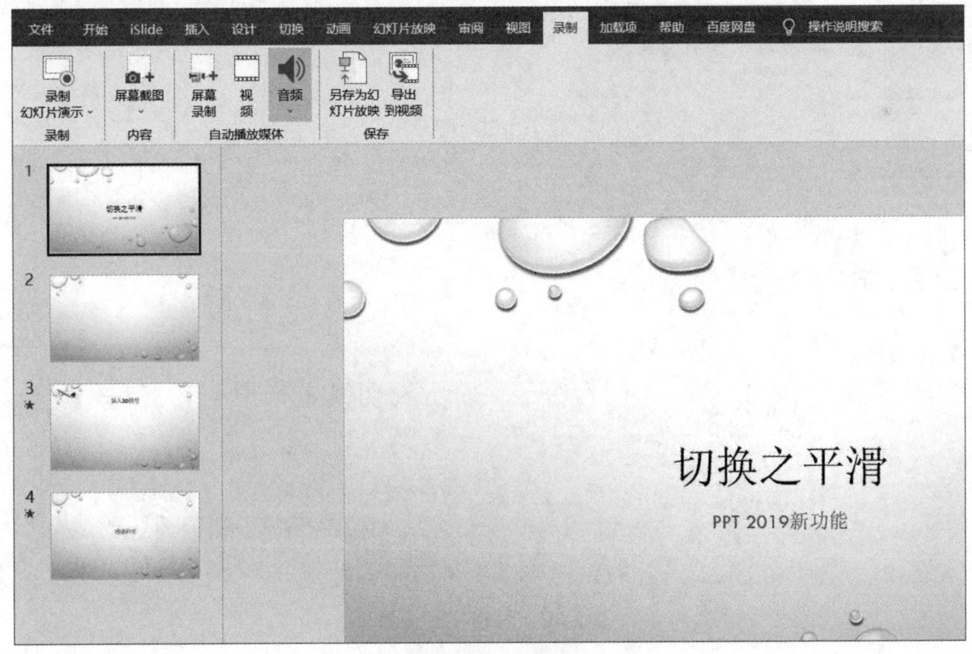

图2-8　录制设置

步骤 9　单击“录制”按钮，开始给逐页播放的幻灯片进行“配音”，如图2-9所示。

图2-9 配音设置

步骤10 每页幻灯片所对应的“语音旁白”全部出现在右下角，单击“导出到视频”按钮，准备将幻灯片导出成MP4格式的视频文件，如图2-10所示。

图2-10 导出视频设置

步骤11 单击“文件”→“导出”→“创建视频”按钮，即可将PPT演示文稿转换成MP4格式的多媒体视频，以方便泛在化学习，如图2-11所示。

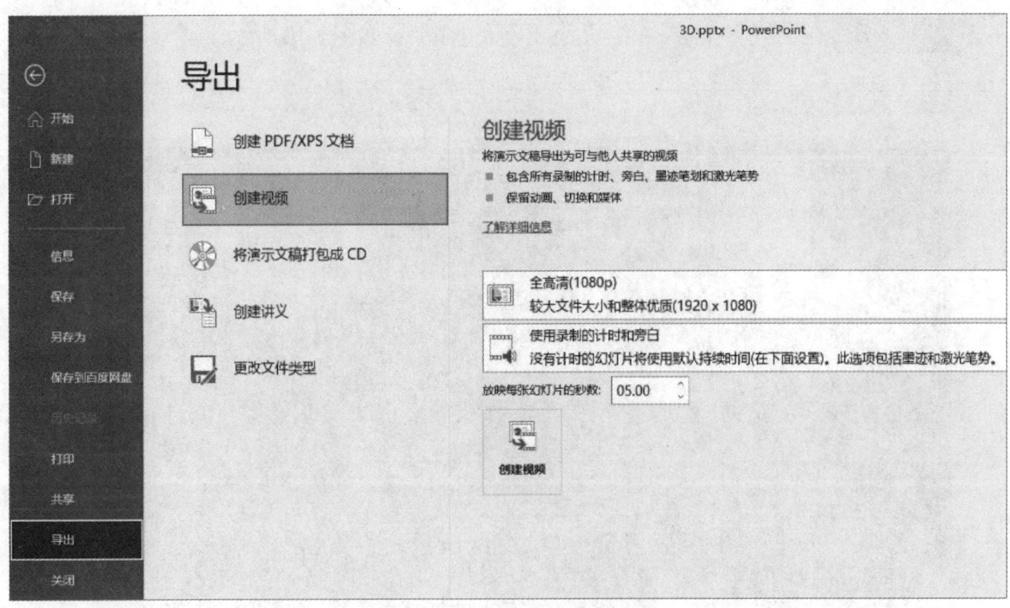

图2-11　PPT转换为MP4格式

任务二　认识iSlide

任务导入

iSlide 是一款基于 PowerPoint 的插件，包含 38 个设计辅助功能，8 大在线资源库，超20 万专业 PPT 素材。

任务实施

步骤 1　以功能菜单栏形式出现在PPT 上的 iSlide，如图2-12所示。

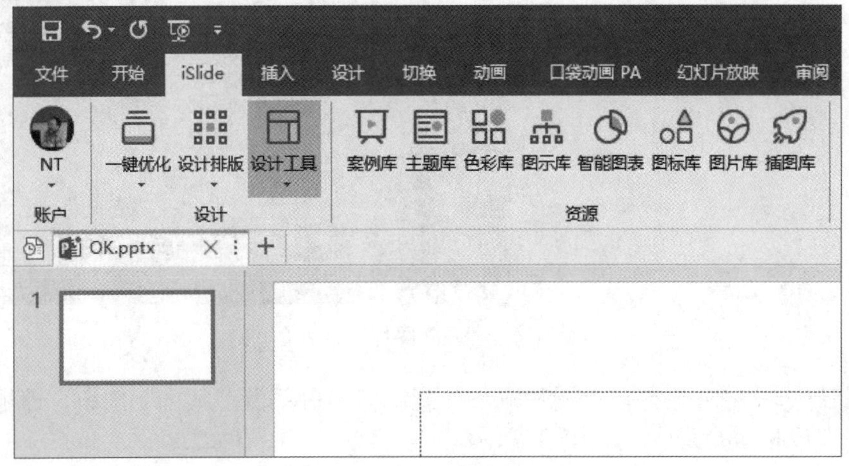

图2-12　iSlide插件

步骤 2 在 PPT 中插入一组大小不等的图片，如图2-13所示。

图2-13 插入图片

步骤 3 在 iSlide 菜单中，单击“设计排版”→“裁剪图片”按钮，打开相应的对话框，如图2-14所示。

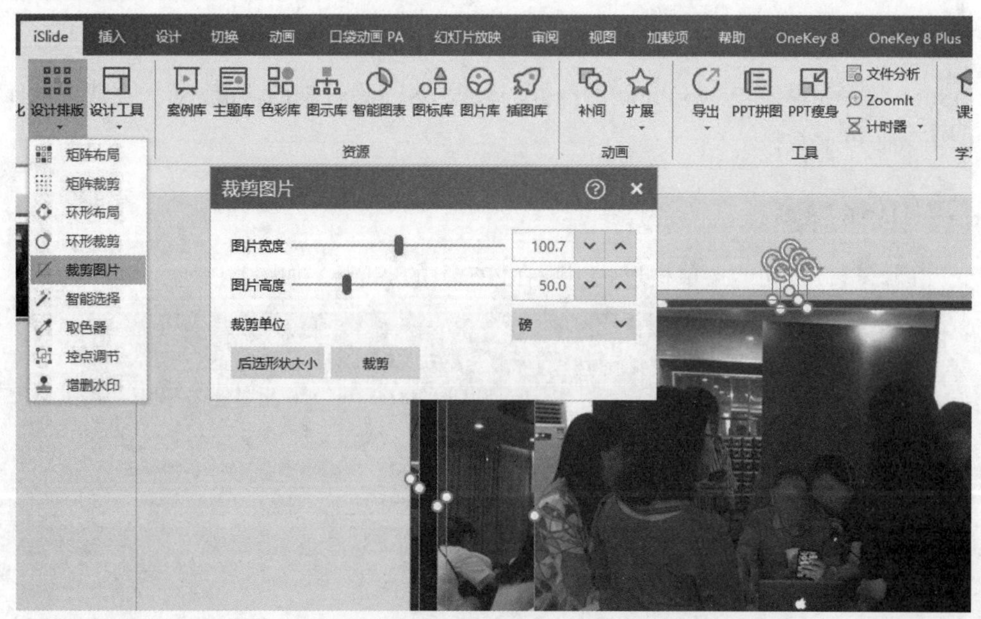

图2-14 “裁剪图片”对话框

步骤 4 输入裁剪后的图片宽度、高度值，再单击“裁剪”按钮，即可将这一批图片裁剪成相同的大小，如图2-15所示。

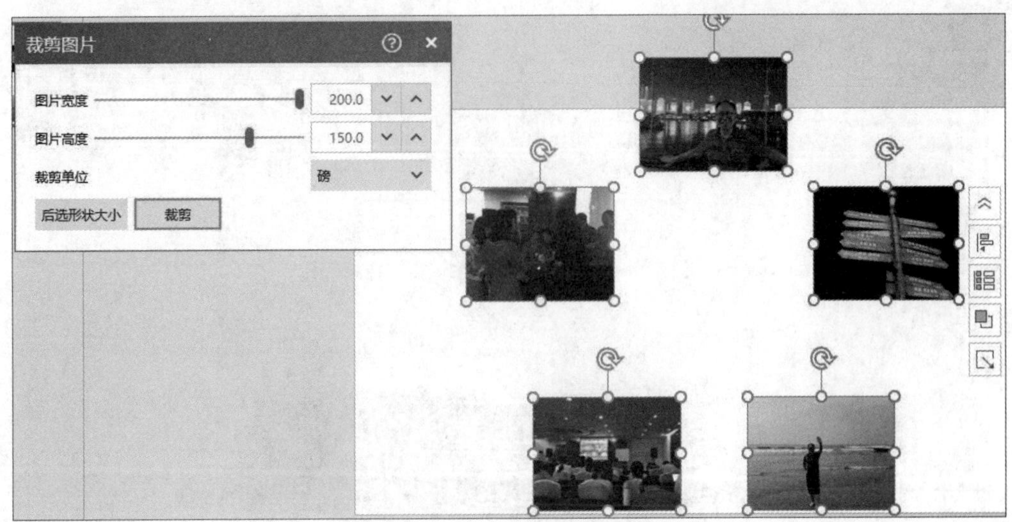

图2-15　裁剪图片设置

步骤 5　在 iSlide 菜单中，单击“插图库”按钮，可打开相应的功能面板，在搜索栏输入：墨迹，可插入一个“墨迹”图形，如图2-16所示。

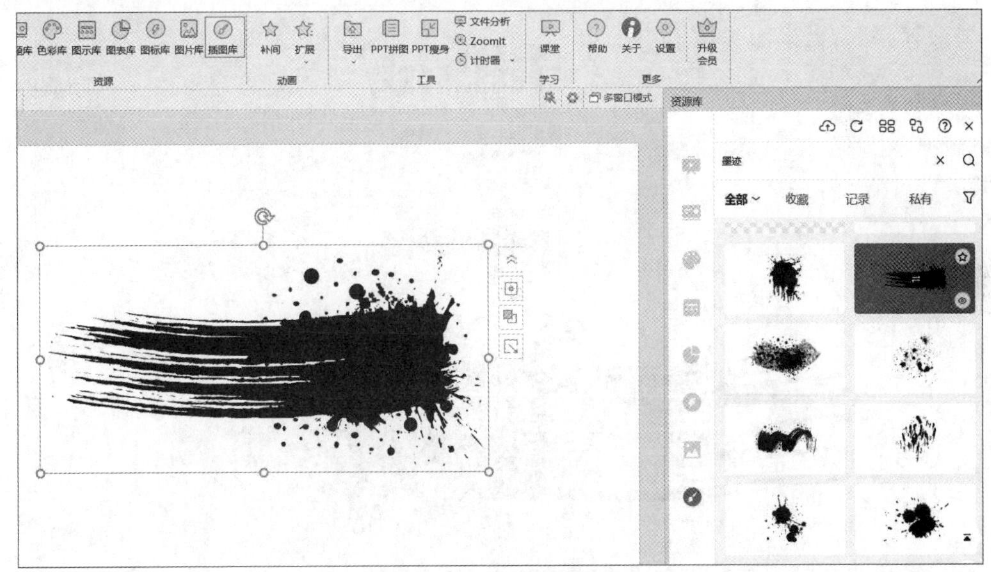

图2-16　插入墨迹图形

步骤 6　选中图形，单击“形状格式”→“组合”→“取消组合”按钮，先将图形打散，如图2-17所示。再单击“合并形状”→“结合”按钮，将打散的图形合并成一个形状。

步骤 7　单击“形状格式”→“形状填充”→“图片”按钮，对合并的图形以图片填充，完成图片的艺术装饰效果，如图2-18所示。

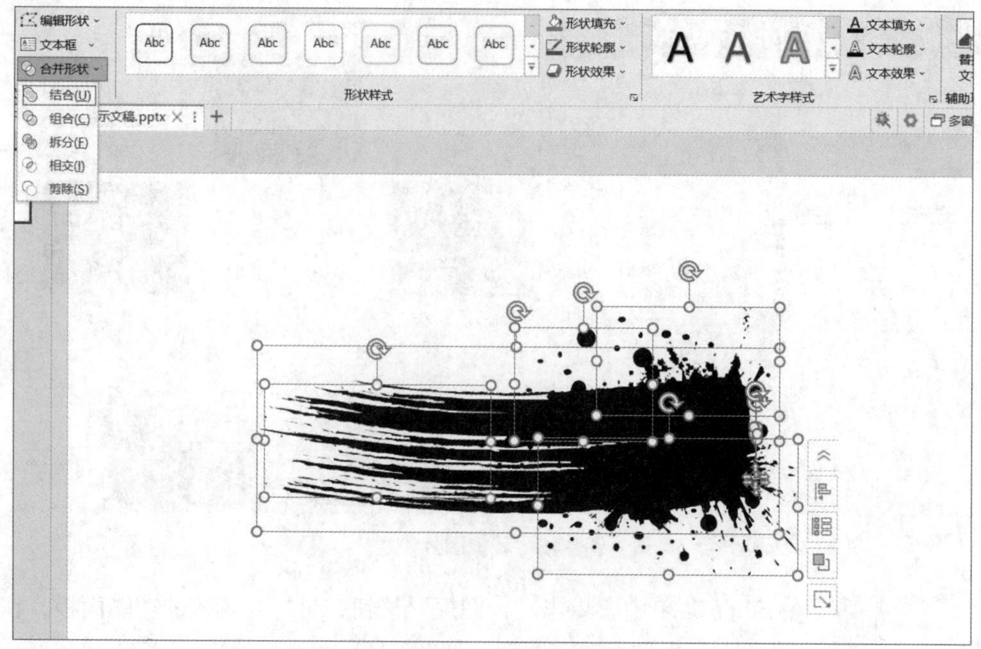

图2-17　打散图形

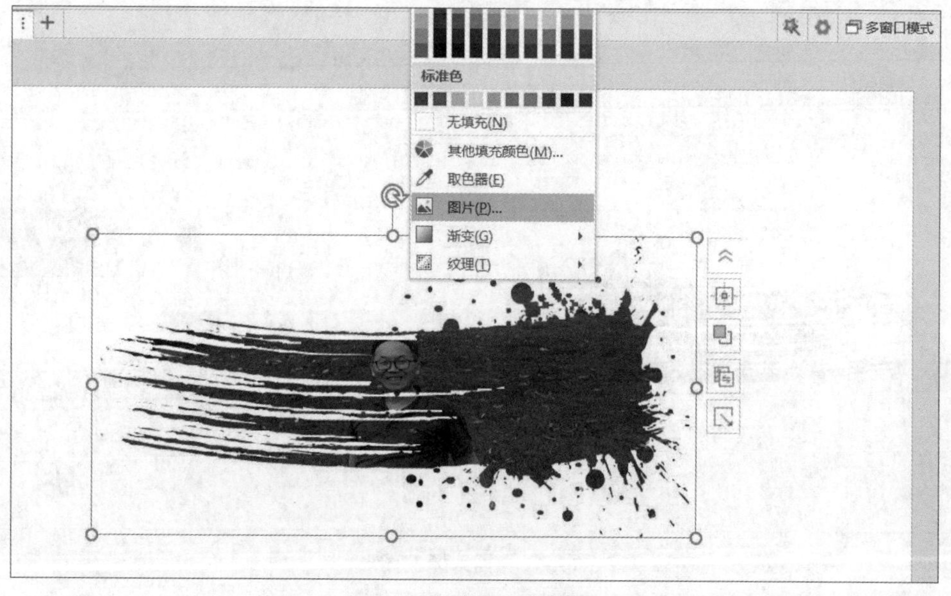

图2-18　图形填充设置

任务三　认识101 教育 PPT

任务导入

101 教育 PPT 是一款备授课一体化的教学软件，提供 PPT 课件制作与教学所需的海量资源、互动工具、学科工具等多元化功能，可搭配手机或iPad，实现课堂的实时互动，辅助老师轻松备课、高效授课。

任务实施

步骤1 启动 101 教育 PPT，单击“新建课件”→“新建空白页”按钮，如图2-19所示。

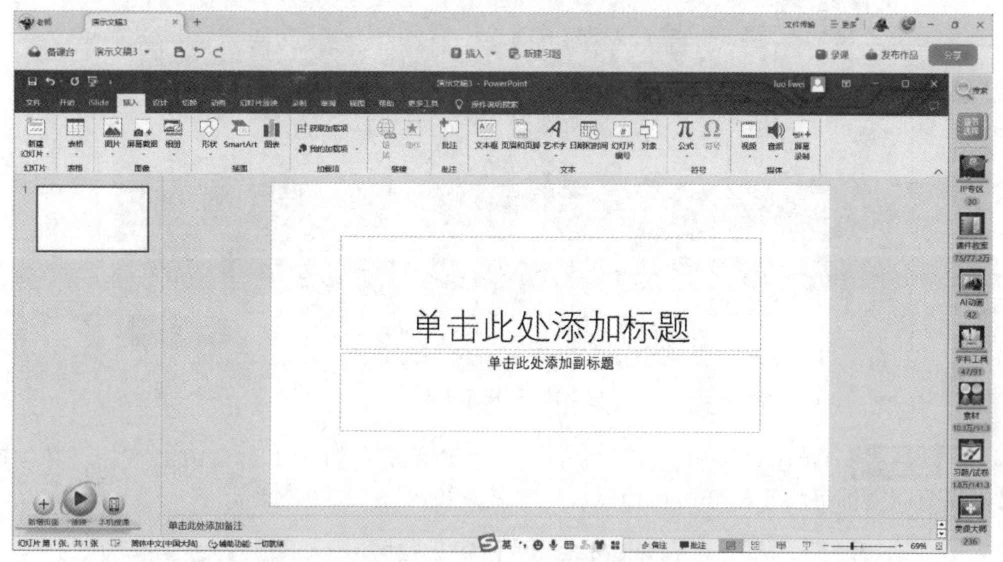

图2-19　启动 101 教育 PPT

步骤2 可从右侧导航栏中单击“美课大师”→“课件换肤”按钮，设置PPT主题，如图2-20所示。

图2-20　选择PPT主题

步骤3 可从右侧导航栏中选择 “学科工具”，搜索“立体展开还原”，搜索结果如图2-21所示。

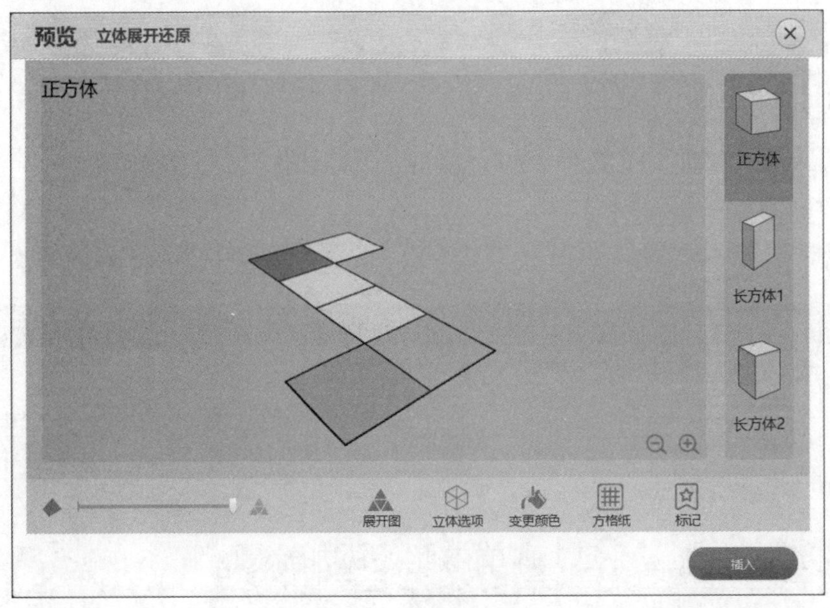

图2-21　学科工具界面

步骤 4　单击"手机授课"按钮，再打开手机端的 101 教育PPT 按钮，单击底部扫描图标，即可将手机变成遥控器，用于控屏操作，如图2-22所示。

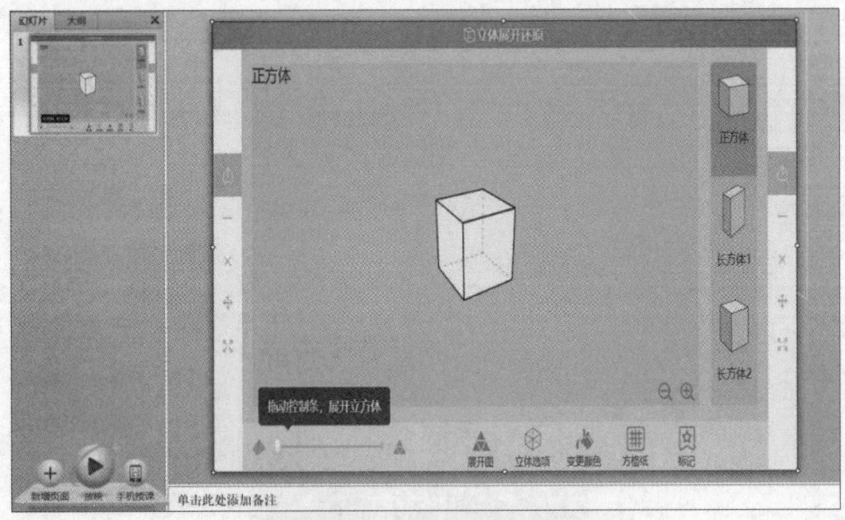

图2-22　连接手机设置

步骤5　单击“习题/试卷”→“新建习题”按钮，打开相应的对话框，如图2-23所示。

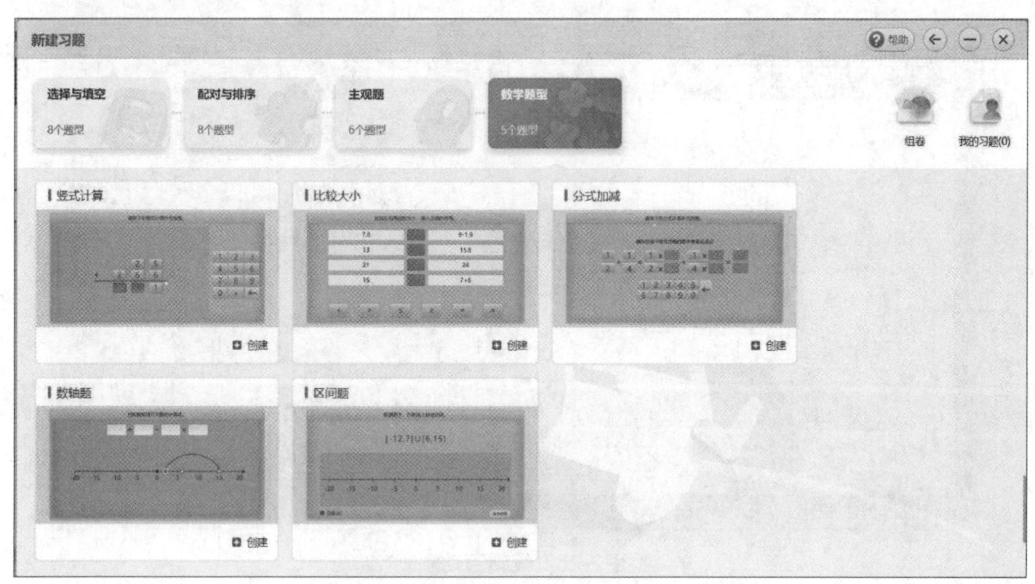

图2-23　“新建习题”对话框

步骤6　在“选择与填空”中选择“选词填空题”，如图2-24所示。

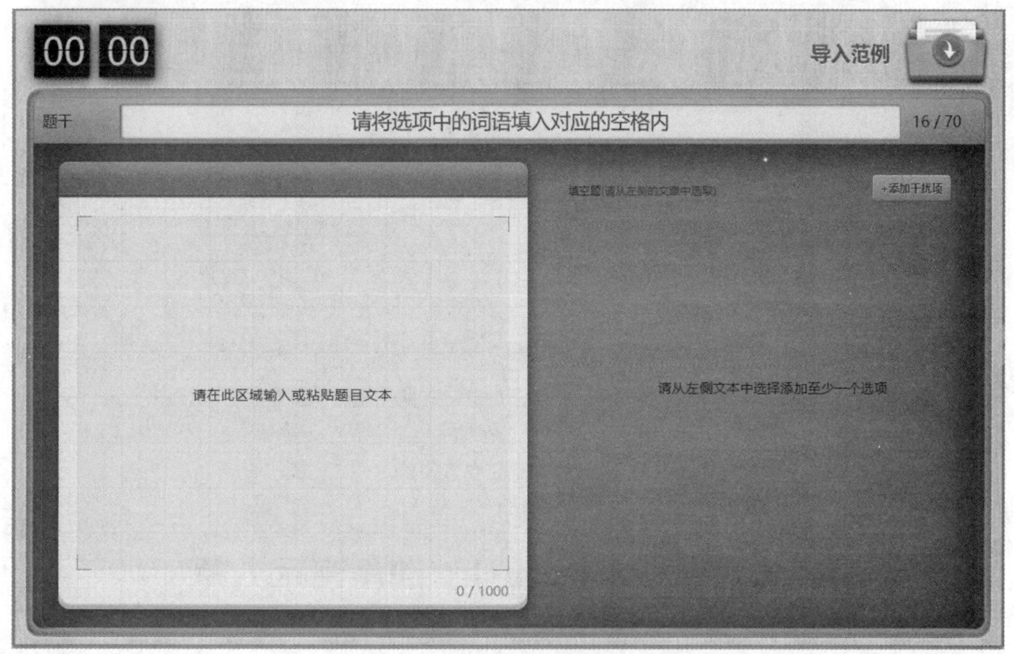

图2-24　互动题设置

步骤7　在左侧编辑好题目，选定一个词语作为答案，然后在右侧增添一些干扰项，完成选词填空题的编辑，如图2-25所示。

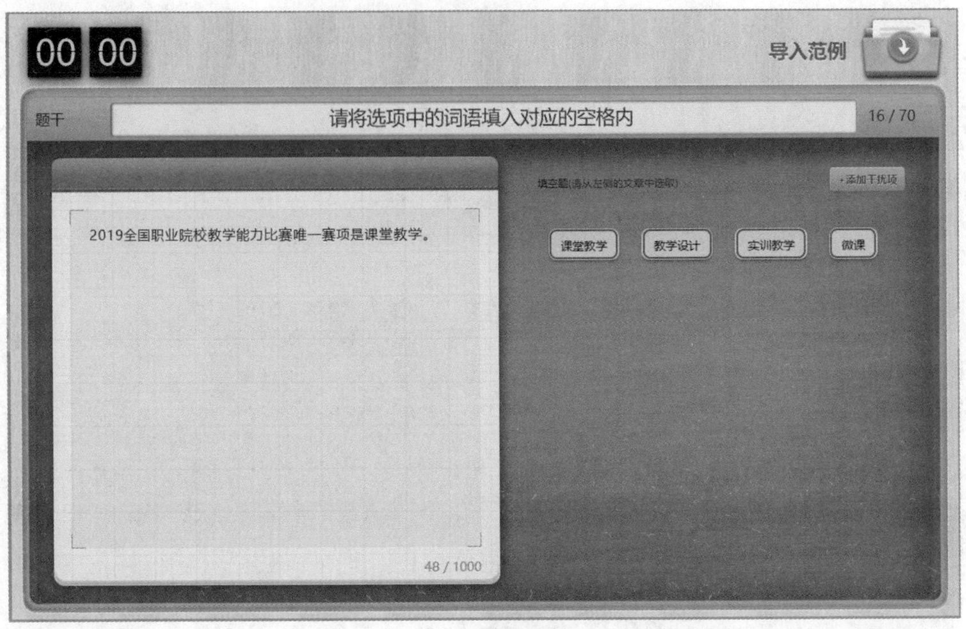

图2-25　编辑互动题

步骤 8　单击“预览”按钮，可显示习题并可做交互填空，如图2-26所示。

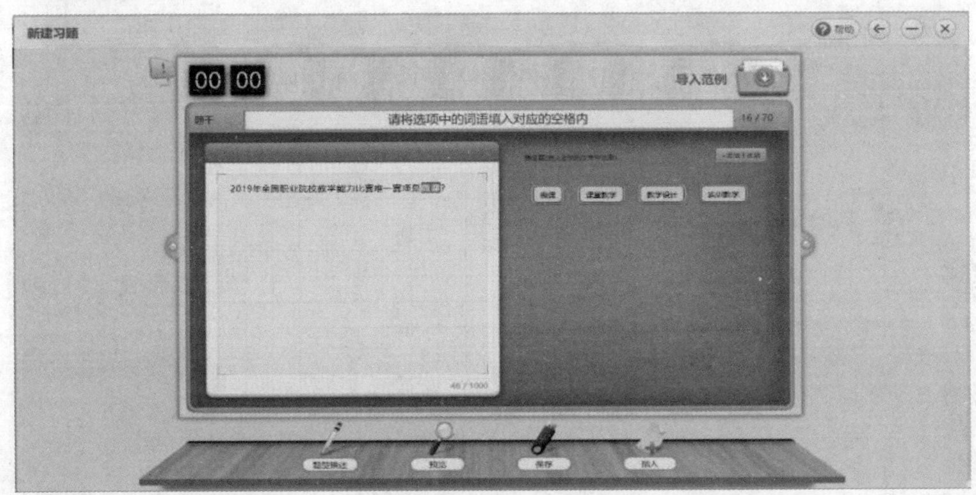

图2-26　预览交互习题

任务四　认识Focusky 动画演示大师

任务导入

Focusky 是一款免费、高效的动画 PPT 演示制作软件，操作简单，人人都能学会。在一张无限大的画布上，通过无限缩放、旋转、移动及组合的切换方式，使演示生动有趣，并且效果专业。

任务实施

步骤 1　双击“Focusky 动画演示大师”按钮，开始运行程序，如图2-27所示。

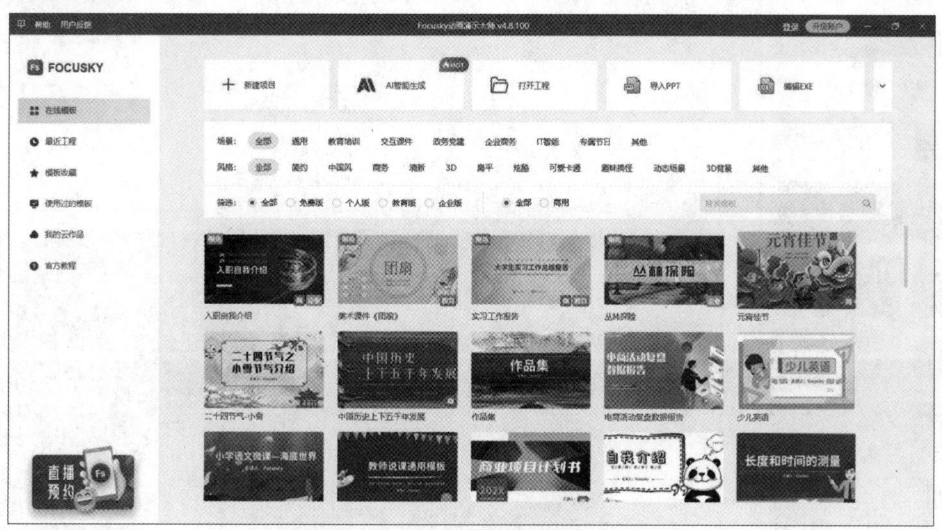

图2-27　启动Focusky动画演示大师

步骤 2　单击“新建项目”按钮，打开“新建工程”对话框，再单击“创建空白项目”按钮，如图2-28所示，进入项目的编辑画面。

图2-28　新建空白项目

步骤 3　在主页面单击“背景”按钮，选择一张“图片”作为画布的背景，如图2-29所示。

步骤 4 单击“添加当前视口到路径”按钮，在路径上创建一个帧（一页幻灯片），如图2-30所示。

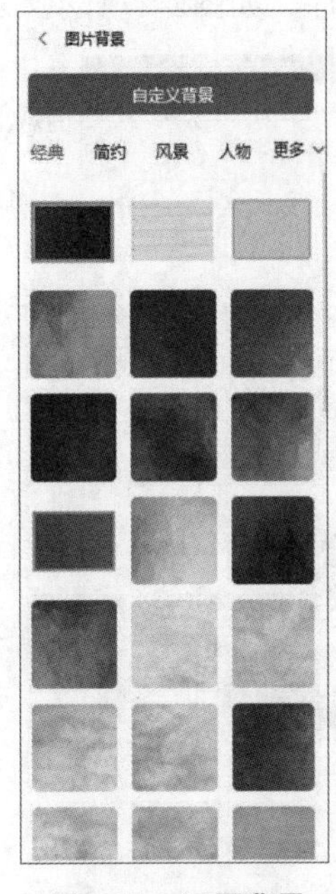

图2-29 设置背景

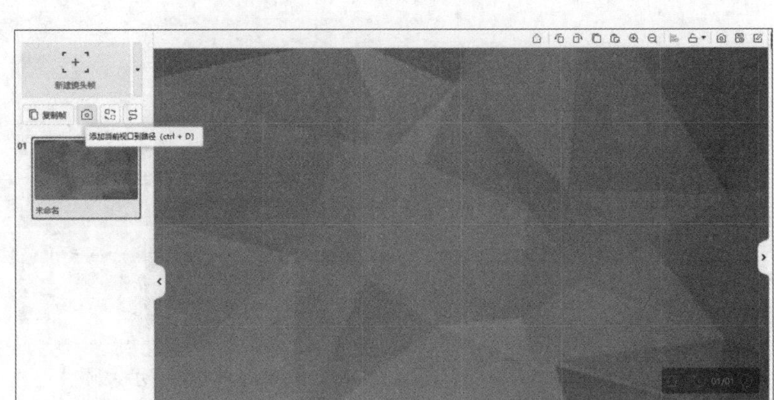

图2-30 创建帧

步骤 5 单击左上方的“+”按钮，在路径上创建其他帧，如图2-31所示。

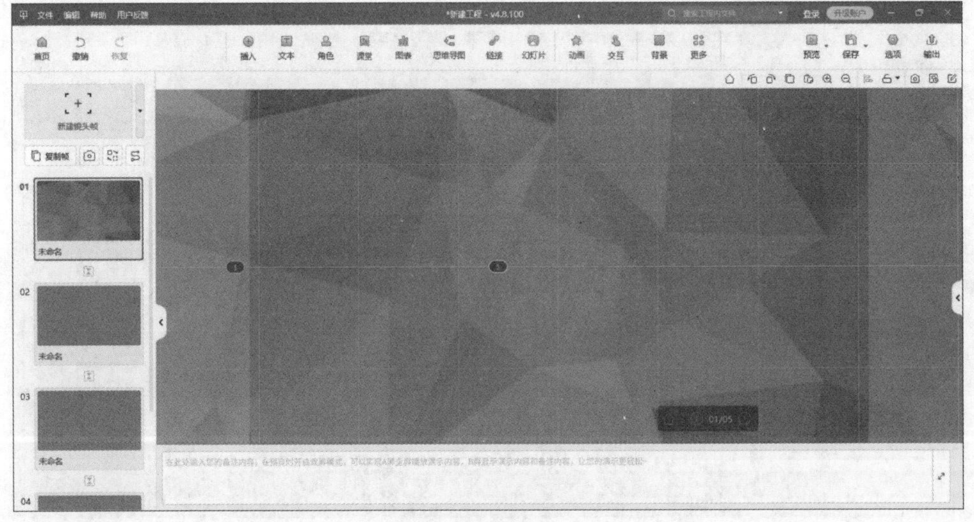

图2-31 创建其他帧

步骤 6 单击“文本”按钮，可输入文本，并可在右侧的功能面板上设置文本样式，如图2-32所示。

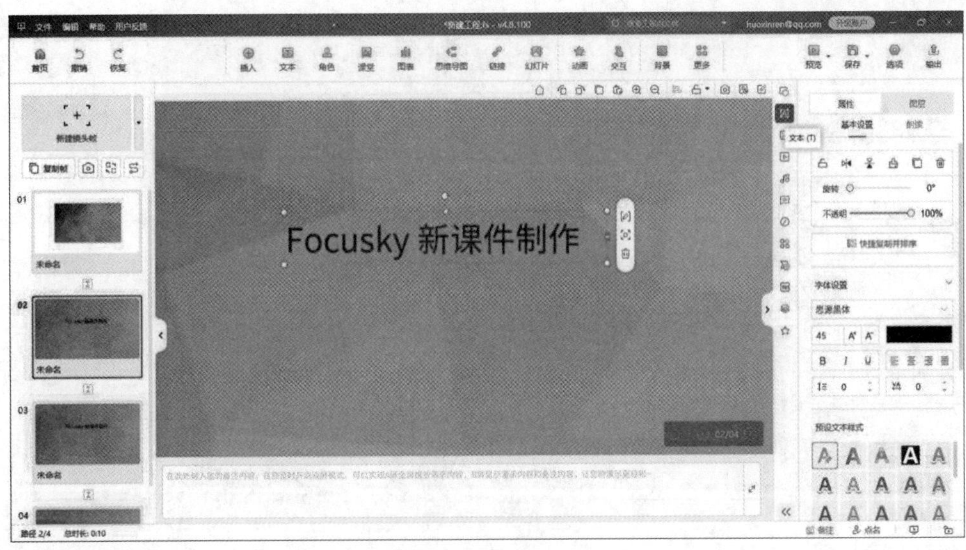

图2-32　设置文本样式

步骤 7　单击“插入”→“图片”按钮，可插入库中或本地的图片，并可在右侧的功能面板上设置图片样式，如图2-33所示。

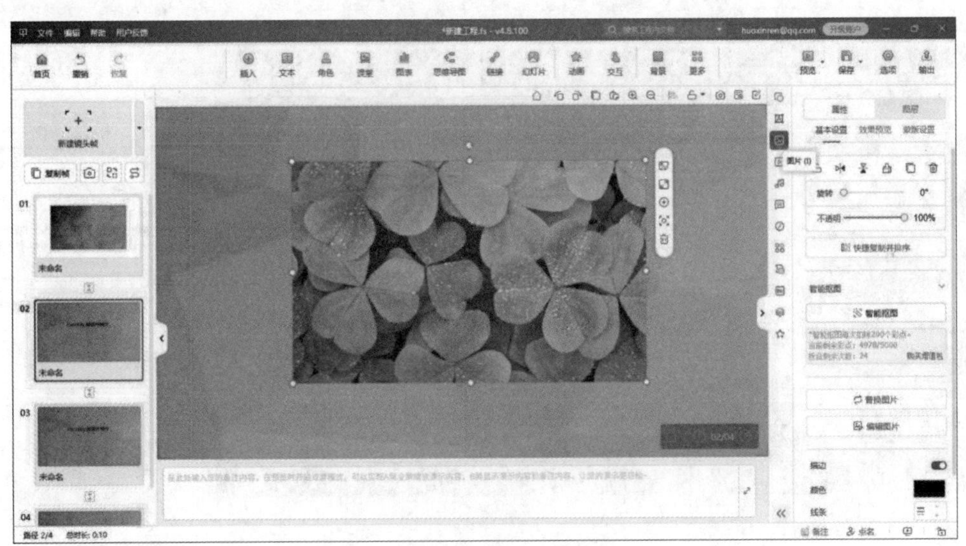

图2-33　插入图片

步骤 8　单击“音乐”按钮，可添加音乐、录音、声音合成等，并可在右侧的功能面板上设置音乐的属性，如图2-34所示。

步骤 9　单击“视频”按钮，可添加本地、屏幕录制和网络视频，并可在右侧的功能面板上设置视频的属性，如图2-35所示。

步骤 10　单击“动画”按钮，进入帧动画设置，再分别选定对象，单击“添加动画”按钮，在弹出的“选择一个动画效果”对话框中为对象指定一种动画效果，如图2-36所示。

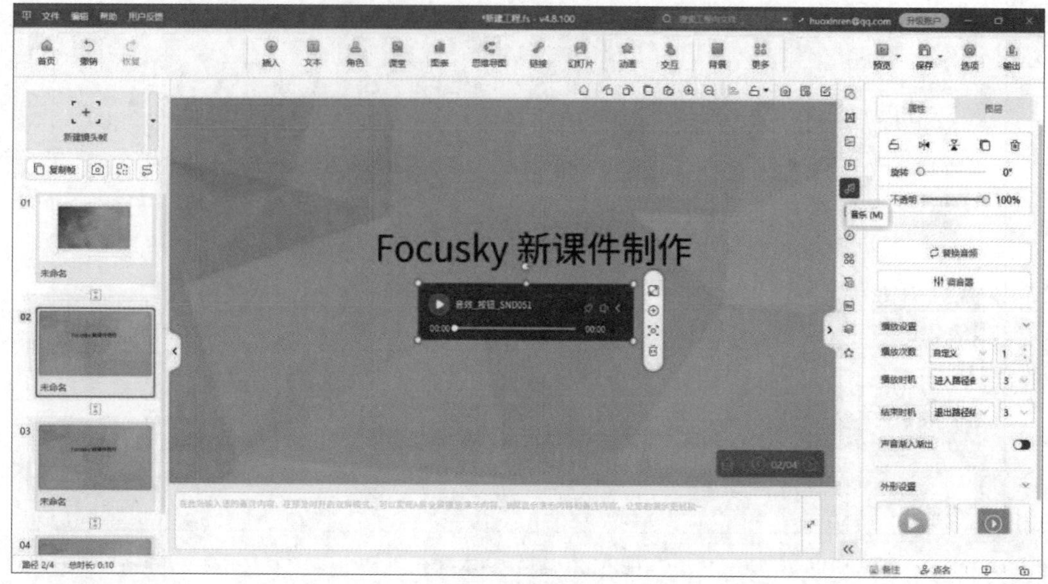

图2-34　添加音乐

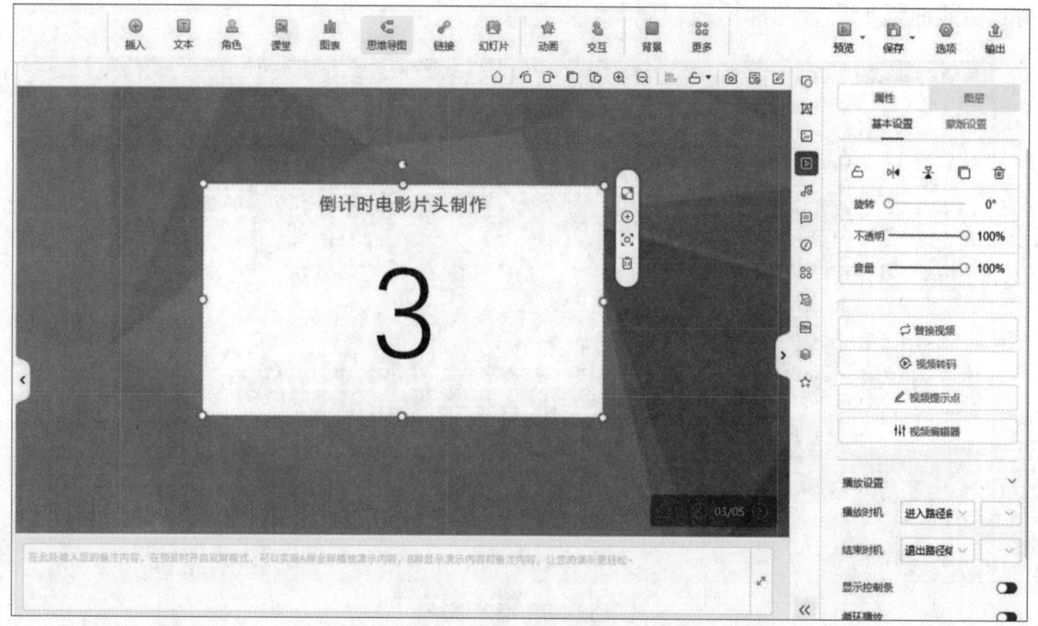

图2-35　视频属性设置

步骤 11　在右侧“添加动画”功能面板中可对动画属性做进一步设置，如图2-37所示。

步骤 12　单击“预览当前”按钮，从当前路径开始预览各帧动画等设置情况，同时在屏幕下方出现导航栏，可前后翻页以及设置手动、自动播放模式等，如图2-38所示。

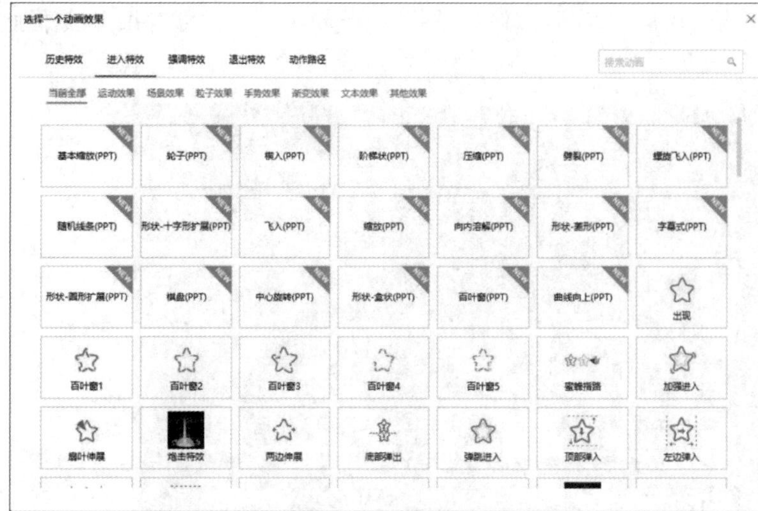

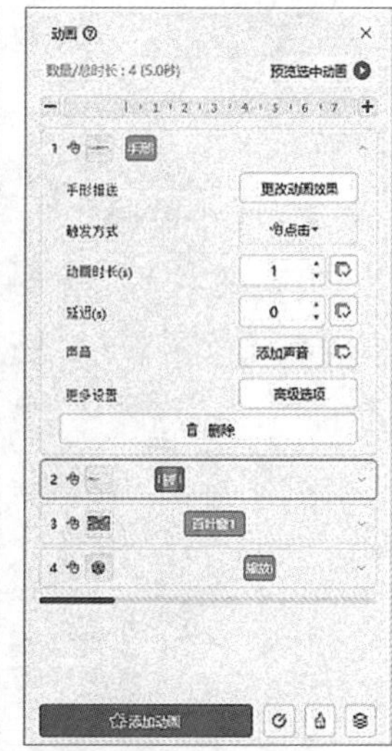

图2-36　插入动画　　　　图2-37　添加动画

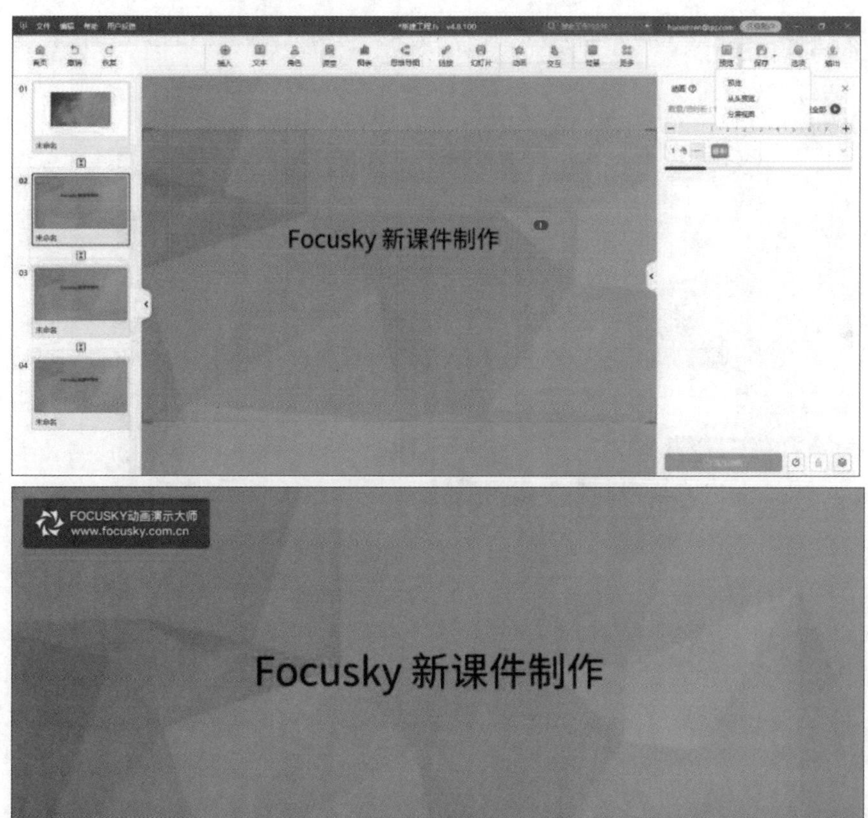

图2-38　预览动画

步骤13 单击左侧帧上的“选项”按钮，选择“录音/字母”，可对每个帧添加语音旁白，如图2-39所示。

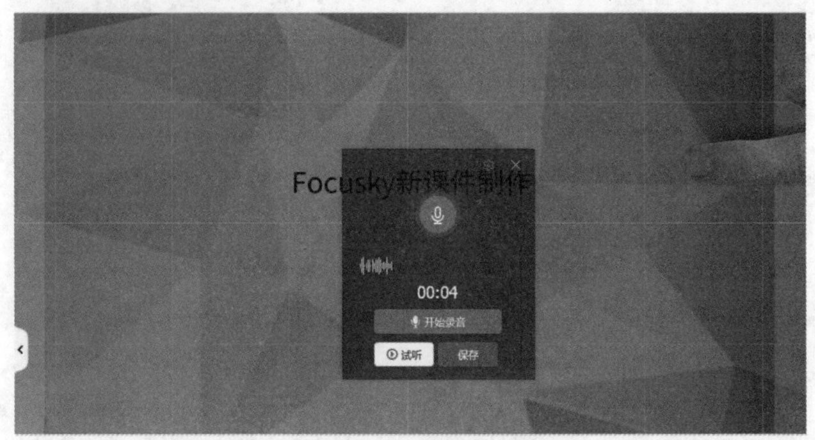

图2-39 添加声音

步骤14 单击左侧帧上的“选项” 按钮，可设定第 1 帧的停留时间，如图2-40所示。

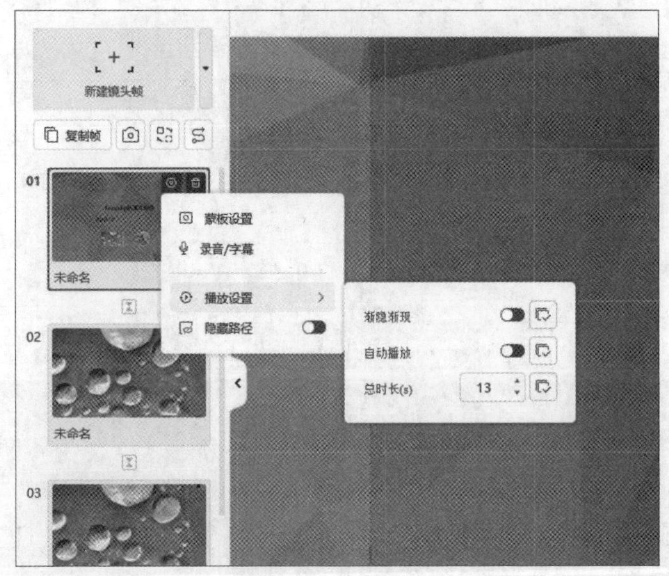

图2-40 设置停留时间

任务五 认识希沃白板 5

任务导入

希沃白板是一款互动教学工具，只需简单操作就能让知识点跃然呈现，携带多种工具和动画，游戏化教学，提高学生上课的关注度和参与度，课件置于云端。

任务实施

步骤 1　启动希沃白板，单击“新建课件”按钮，打开希沃云课件“模板”页，选择界面，如图2-41所示。

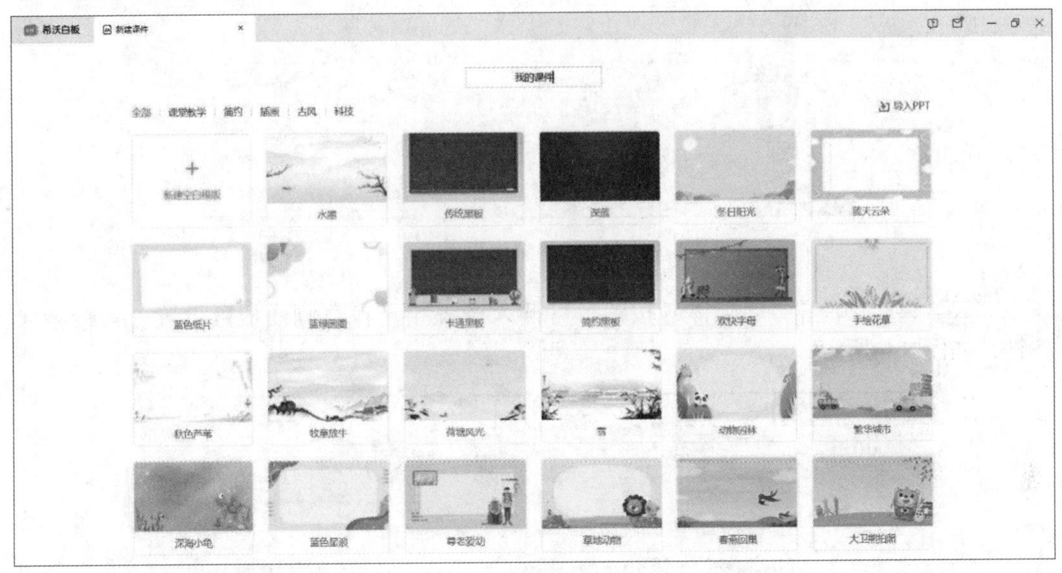

图2-41　启动希沃白板

步骤 2　选定一个模板，单击模版图标，进入云课件制作，如图2-42所示。

图2-42　选定模板

步骤 3　使用文本、形状、多媒体制作页面，如图2-43所示。

图2-43　制作页面

步骤 4　单击“多媒体”按钮，可插入音视频，在右侧面板可设置“音视频”属性，如图2-44所示。

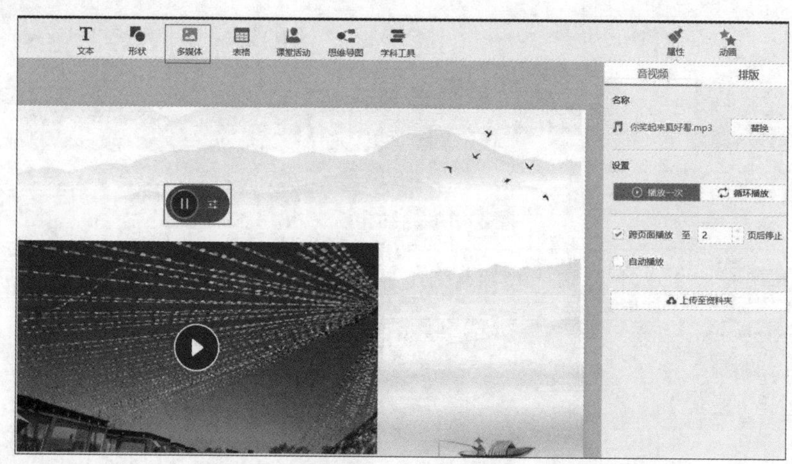

如图2-44　音视频设置

步骤 5　单击“表格”按钮，可插入二维表格，在右侧面板可设置表格属性，如图2-45所示。

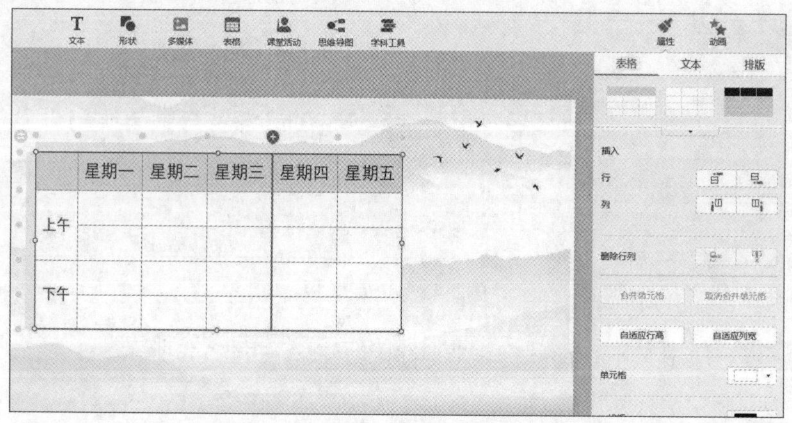

图2-45　插入表格

步骤 6 单击“课堂活动”按钮，可打开相应的对话框，其中包括了选词填空、判断对错等若干精彩课堂互动环节，如图2-46所示。

图2-46　课堂活动设置

步骤 7 以“拖拽游戏”为例，单击“选词填空”按钮，可打开相应的对话框，输入题干、增加填空项后，即可进行拖拽游戏，如图2-47所示。

课堂活动
< 返回　选词填空
题目
试填写以下各省会的所在地:
安徽省 合肥市 、山东省 济南市 、山西省 太原市 。
增加填空 3/10
干扰项 0/5
输入干扰项
提示　完成

图2-47　设置填空

步骤8 习题出好后，单击“授课”按钮，可进入拖拽游戏的互动环节，完成各项的填空后，单击“检查答案”按钮，可进行自动批改，如图2-48所示。

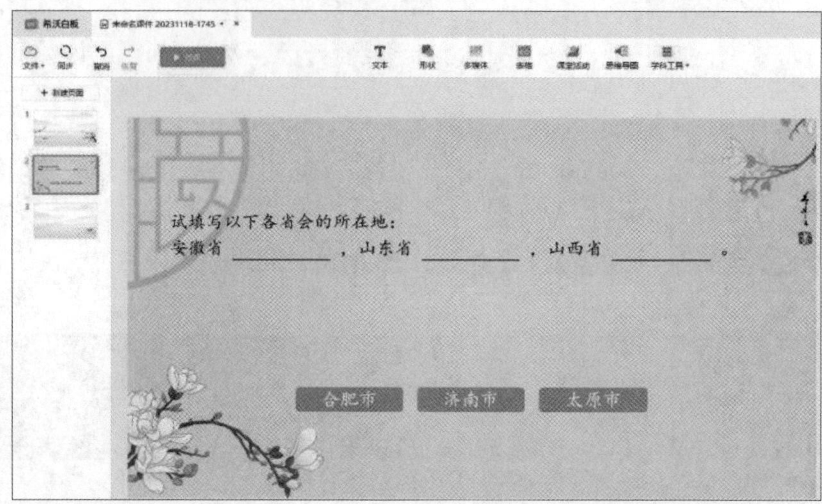

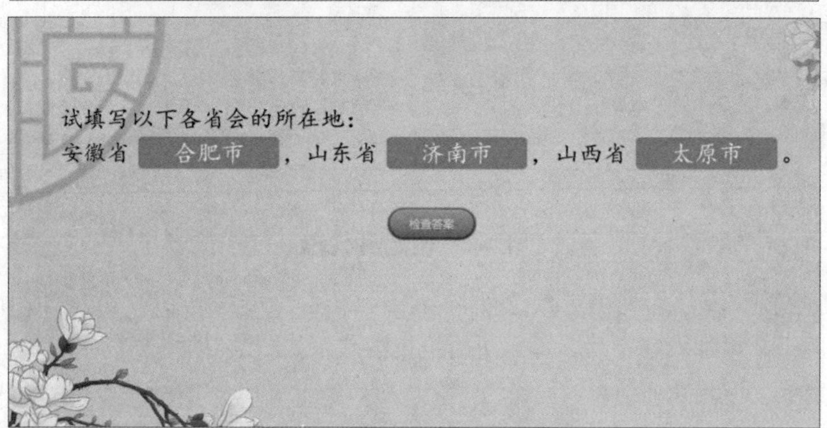

图2-48 设置自动批改

步骤9 单击“思维导图”按钮，可插入多级思维导图于当前页面中，如图2-49所示。

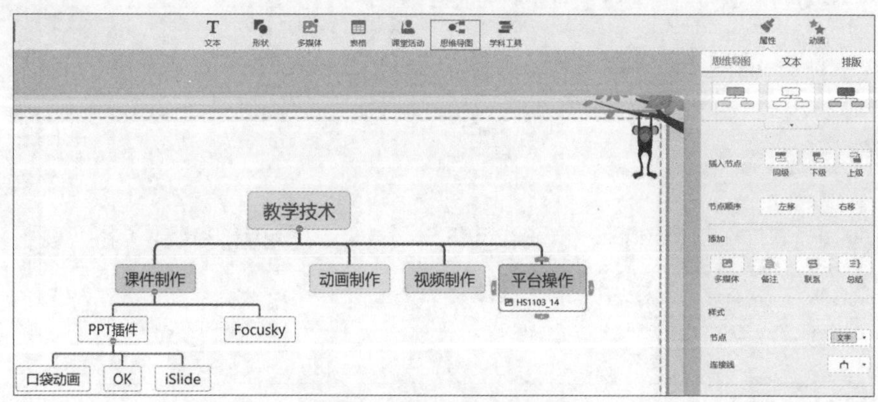

图2-49 多级思维导图插入

步骤10　“学科工具”功能面板包含了语、数、外、物理、化学等多种备课工具，如图2-50所示。

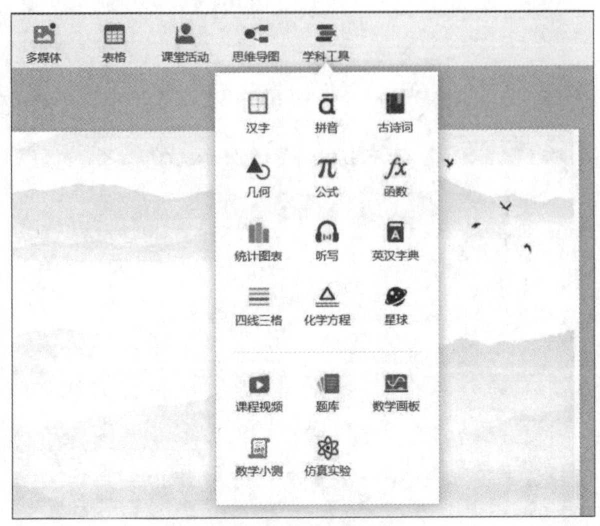

图2-50　学科工具设置

步骤11　以“数学画板”中“函数与方程”为例，如图2-51所示。

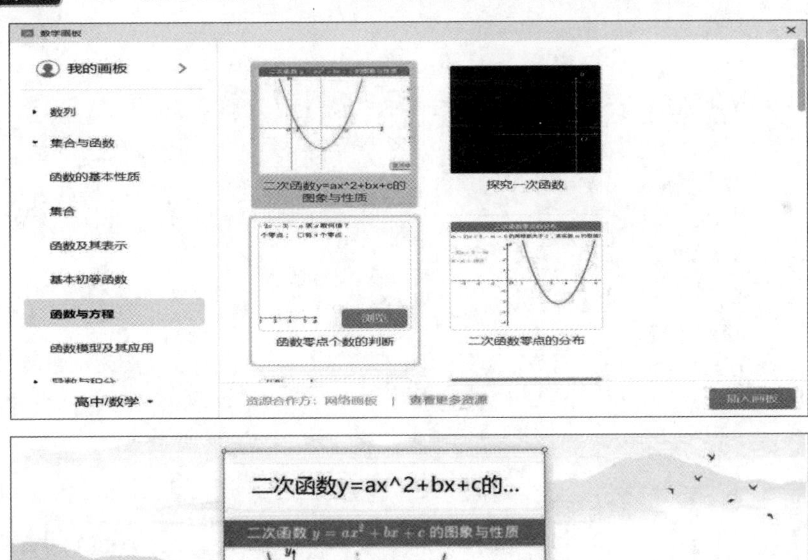

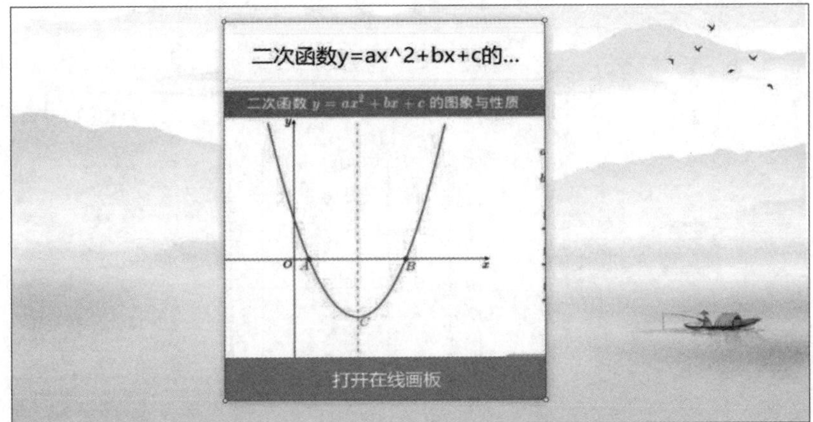

图2-51　数学面板设置

步骤 12 依次单击“授课”→“打开在线画板”按钮，可观察到二次项、一次项和 0 次项的系数对函数曲线产生直观的影响，如图2-52所示。

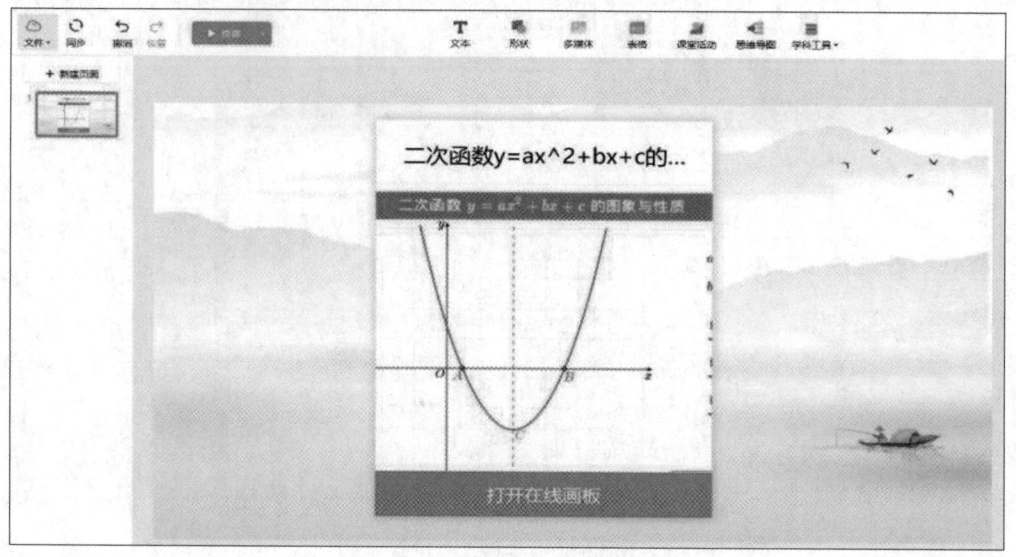

图2-52 解方程及画函数图像

项目三 全能易用的剪辑软件——剪映

任务一 安装剪映

任务导入

剪映是支撑抖音的全能易用视频剪辑软件，几乎能满足各种视频制作需求。强大的编辑功能，丰富的素材内容，还有各种滤镜和特效，让创作更简单。

任务实施

步骤 1 登录剪映专业版官网，如图3-1所示，进行软件下载。

图3-1 剪映下载网站

步骤 2 双击已下载的安装文件：Jianying_pro_1_6_0_3438_jianyingpro_0.exe，执行剪映软件的安装。安装完成，启动剪映，如图3-2所示。

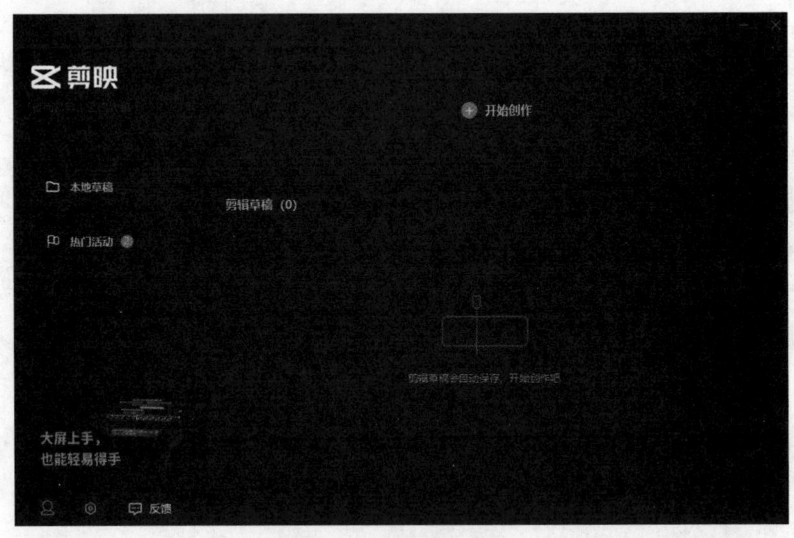

图3-2　剪映登录界面

步骤 3　单击“开始创作”按钮，进入“剪映”的音视频编辑界面，如图3-3所示。

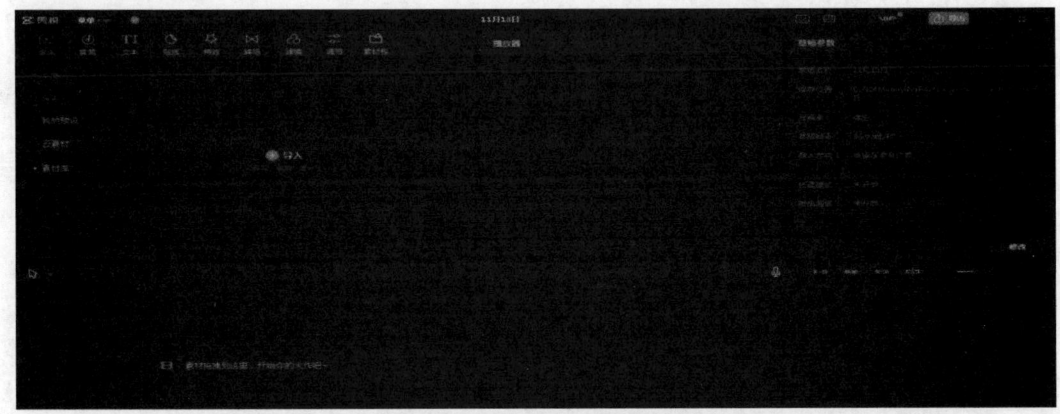

图3-3　剪映音视频编辑界面

任务二　导入素材及素材库

任务导入

在视频剪辑软件中，导入的素材一般主要包含片头、片尾、特效、绿幕、动漫、转场、游戏等视频素材。充分利用素材库中的素材可制作风格不同的短视频。

任务实施

步骤 1　单击“导入素材”按钮，可将视频、音频和图片素材导入当前项目，如图3-4所示。

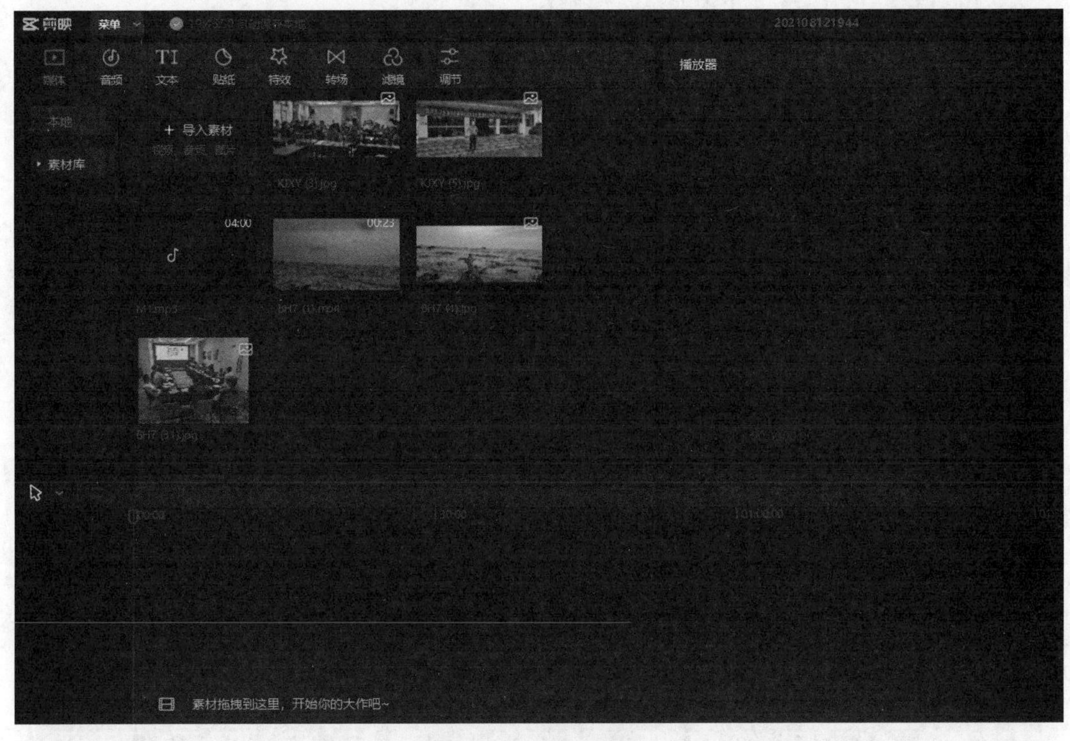

图3-4 导入素材界面

步骤2 单击“素材库”按钮，可展开本地的素材库，其中包括：片头、片尾、特效、绿幕、动漫、转场、游戏等视频素材片段，如图3-5所示。

图3-5 素材库界面

步骤3 利用素材库中的素材可制作一个短视频：

（1）在轨道上添加一个 7 s的空镜头视频；

（2）在轨道上添加一个 10 s的绿幕视频；

（3）将两段视频素材重叠排列，再单击绿幕视频时长编辑框的右端，向左拖动，使尾部与另一视频对齐；

（4）单击“画面”→“抠像”按钮，选中“色度抠图”复选框，用吸管在绿色区域中单击，再调整强度和阴影的值，完成绿幕抠图的效果制作。制作流程如图3-6所示。

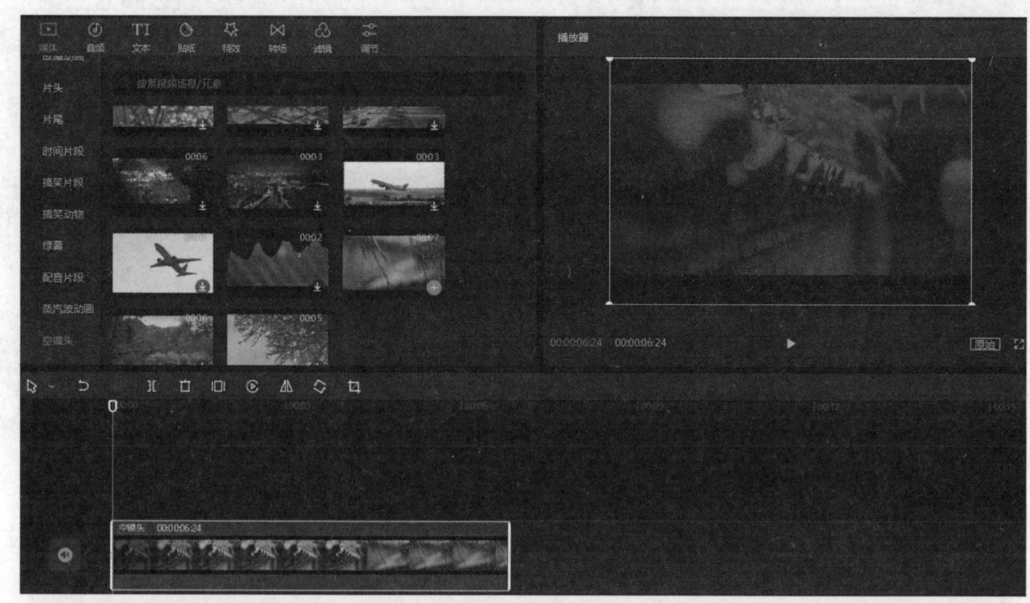

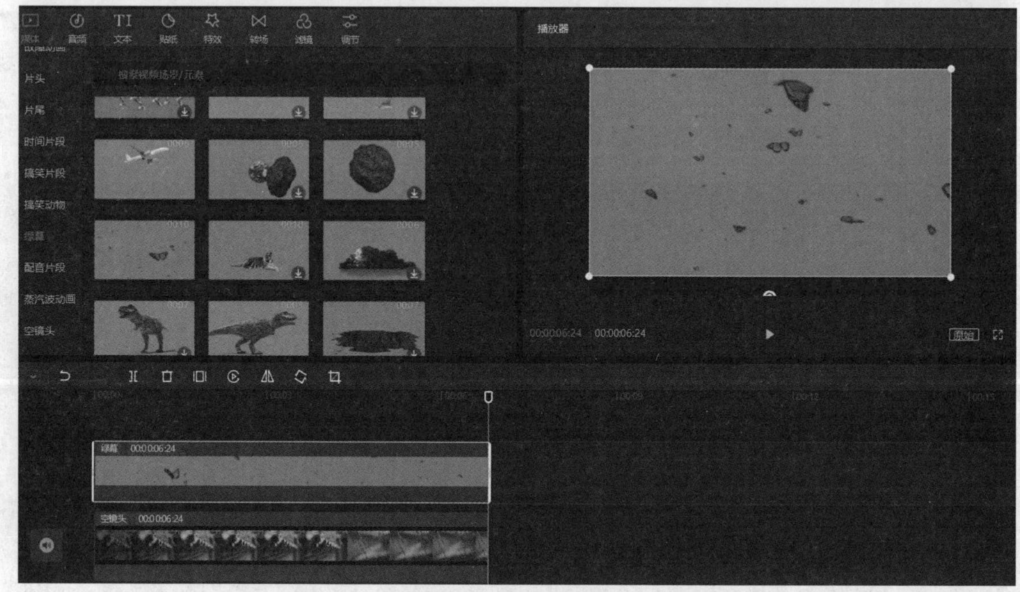

图3-6 制作短视频

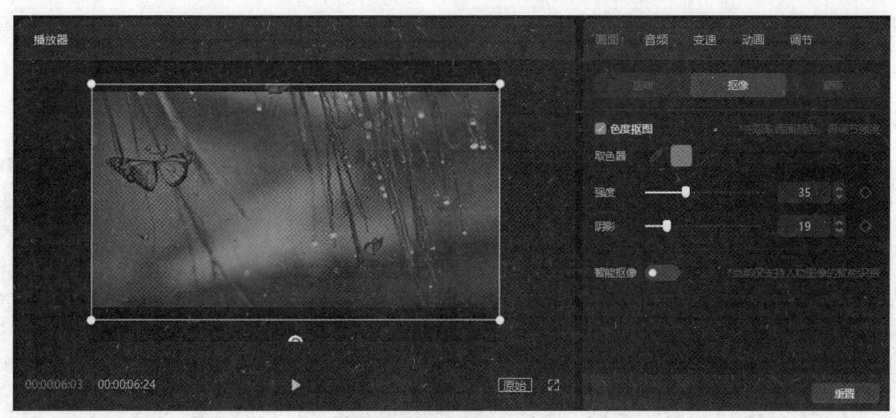

图3-6　制作短视频（续）

任务三　了解音频、文本和贴纸

任务导入

单击软件“音频”按钮可以进行音乐素材、音效素材、音频提取、链接下载；单击“文本”按钮可以进行字体、字号、颜色、样式、不透明度设置；单击“贴纸”按钮可以进行文本特效的设置。

任务实施

步骤 1　单击“音频”按钮，打开相应的功能面板，其中包括音乐素材、音效素材、音频提取、链接下载等，如图3-7所示。

图3-7　音频面板

步骤 2　添加一段音乐素材至轨道，将时间进度线移动至末尾与视频素材对齐，再单击“分割”按钮，按【Delete】键删除后半部分音乐，完成视频背景音乐的添加，如图3-8所示。

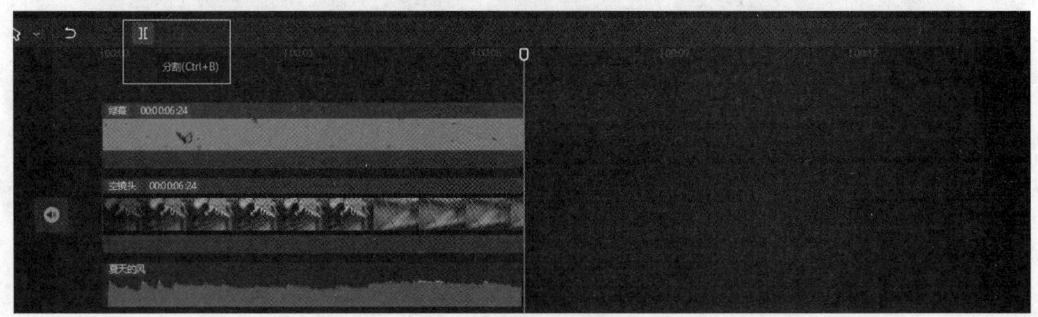

图3-8　添加背景音乐

步骤 3　单击“文本”按钮，继续单击“新建文本”按钮，并将文本添加到编辑轨道，输入文字“夏天的风”。在右侧面板可设置字体、字号、颜色、样式、不透明度等，效果如图3-9所示。

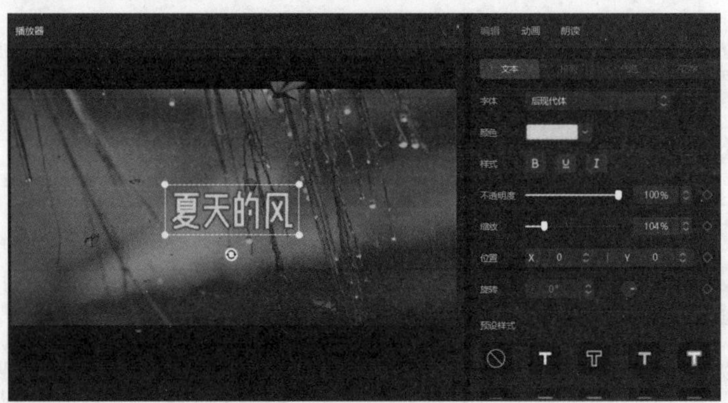

图3-9　文本设置

单击右侧面板上的“动画”按钮，可设置文本的动画效果，如图3-10所示。

图3-10　文本动画设置

步骤 4　单击“贴纸”按钮，可在当前的视频中添加一些透明的“小物件”，如季节、旅行、情绪和梦幻等，如图 3-11所示。

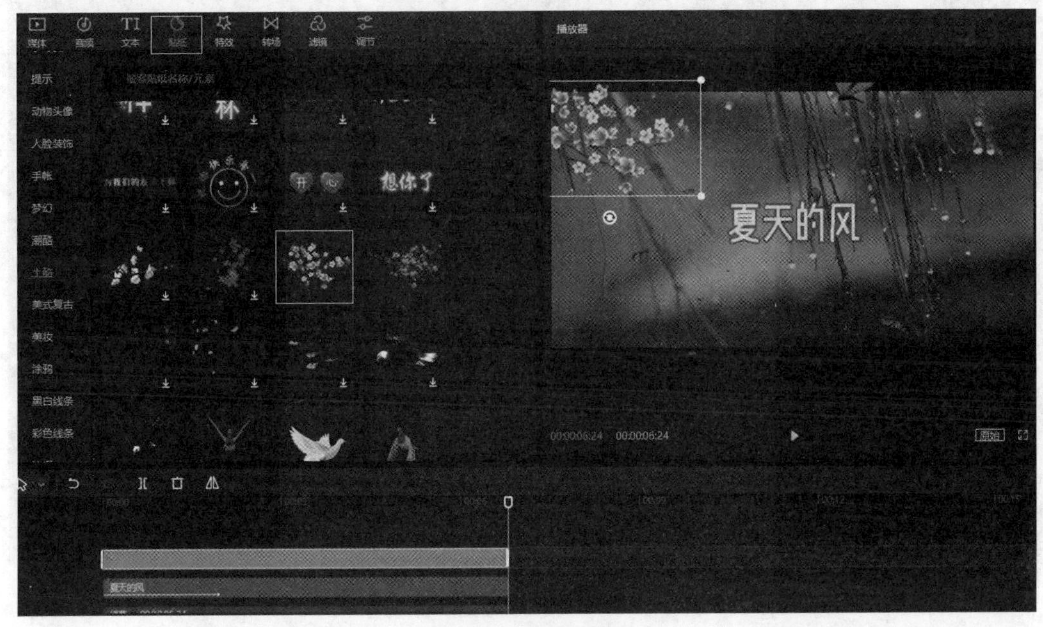

图3-11　贴纸设置

任务四　了解特效、转场和滤镜

任务导入

“特效”是对视频进行基础、动感、综艺等特效设置；“转场”是在影片的两两素材之间加上转场特效。“滤镜”是对选定的素材添加滤镜效果。

任务实施

步骤 1　单击“媒体”按钮，展开素材及素材库面板，然后再将导入的图片、音频、视频素材添加至轨道，如图3-12所示。

步骤 2　单击“原始”按钮，出现视频分辨率选择对话框，如图3-13所示，从16:9、9:16、4:3 等多种规格中选定一种。

选中素材，调整其大小与视频分辨率相匹配。选定音频素材，调整时间进度线至图片和视频轨道的尾部，单击“分割”按钮，完成音、视频轨道的对齐，如图 3-14所示。

步骤 3　单击“特效”按钮，在影片的首尾加上开幕、闭幕特效，如图3-15所示。特效效果主要包括基础、动感、综艺等。

图3-12　导入素材

图3-13　参数设置

图3-14　分割设置

图3-15　特效设置

步骤 4　单击“转场”按钮，在影片的两两素材之间加上转场特效，如图3-16所示。

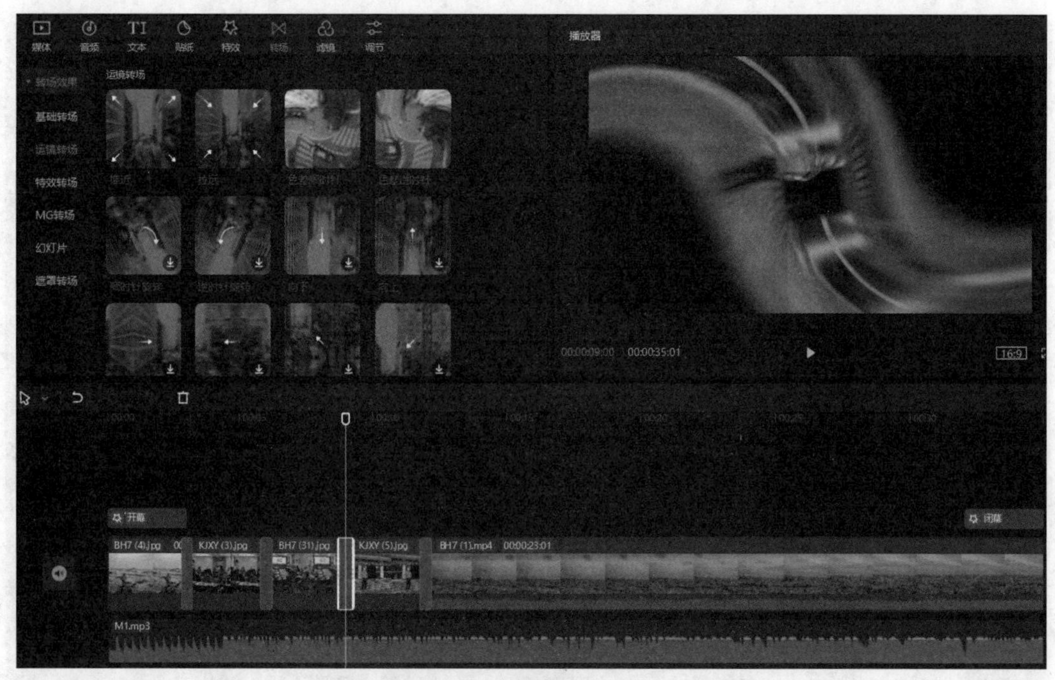

图3-16 转场设置（一）

转场效果主要包括：运镜、MG、遮罩等。转场的时长可在右侧相应的功能面板中加以设置，默认0.5 s，如图3-17所示。

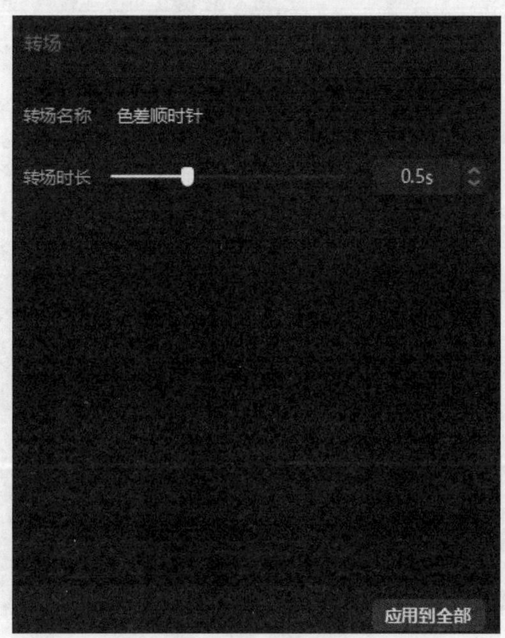

图3-17 转场设置（二）

步骤 5 单击“滤镜”按钮，可对选定的素材添加滤镜效果，如油画、电影、风格化等，如图3-18所示。

图3-18　滤镜设置（一）

此外，在滤镜面板还可添加关键帧，制作出照片由灰度转彩色的动画效果，如图3-19所示。

图3-19　滤镜设置（二）

任务五　导出影片

任务导入

视频剪辑处理完后，将按用户需求导出不同格式的视频文档。

任务实施

步骤 1 单击“导出”按钮，弹出“导出”对话框，如图3-20所示，准备进行影片的输出。设置好作品的名称、保存的位置、分辨率、编码和格式等参数，再单击“导出”按钮，开始输出影片。

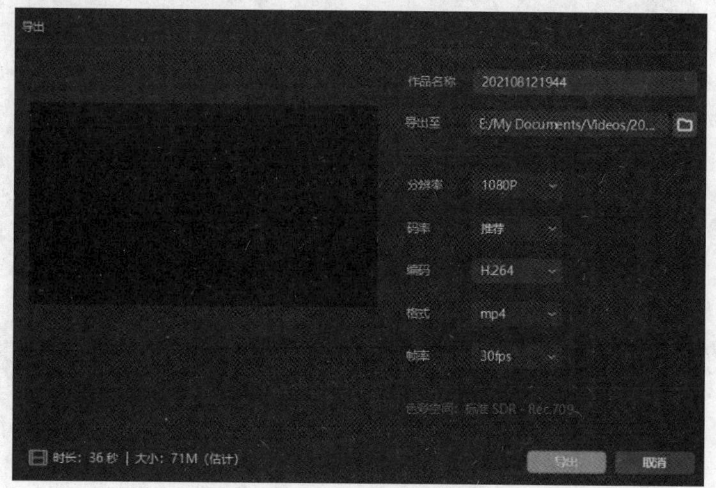

图3-20　视频导出设置

步骤 2 影片的分辨率范围：480P～4K；帧率范围：24～60 fps，如图3-21所示。

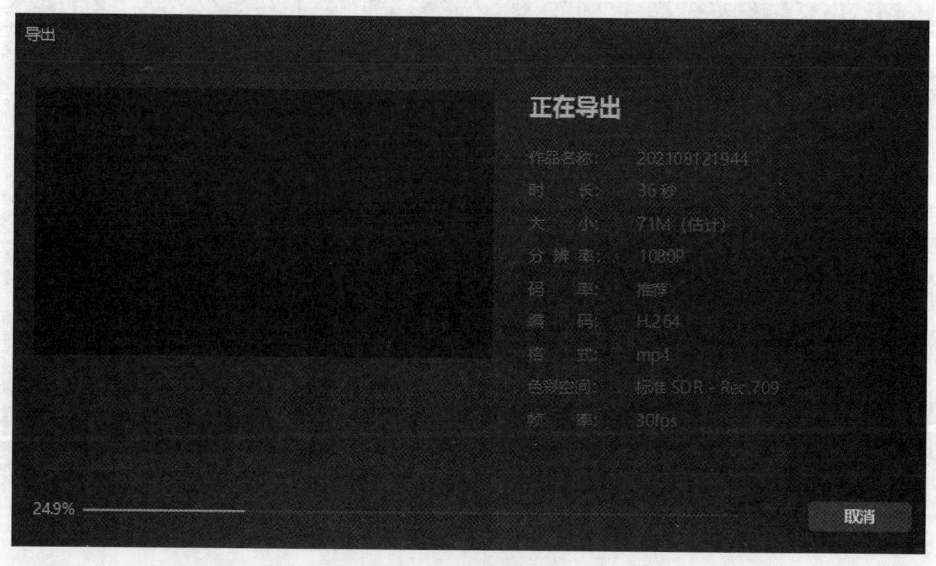

图3-21　视频导出界面

步骤 3 导出完毕可保存在本地，也可直接发布至抖音和西瓜视频，如图 3-22所示。

图3-22　视频导出发布

项目四 简单易用的格式转换软件——格式工厂

多媒体信息主要包括文本、声音、图形图像、动画、视频等，每一种信息在计算机中都有不同的格式进行描述。在制作、管理视频教学资源的过程中，通过对这些信息进行文件格式转换，增强它们之间的兼容性、广泛性。

任务一　安装格式工厂

任务导入

格式工厂（Format Factory）是一款多功能的多媒体格式转换软件，可以实现大多数视频、音频以及图像不同格式之间的相互转换，可以设置文件输出配置、增添数字水印等。

任务实施

步骤 1　登录格式工厂官网，进入软件下载界面，如图4-1所示。

图4-1　下载格式工厂界面

步骤 2　双击已下载的安装文件：FormatFactory_setup.exe，执行格式工厂软件的安装。安装完成，启动格式工厂，如图4-2所示。

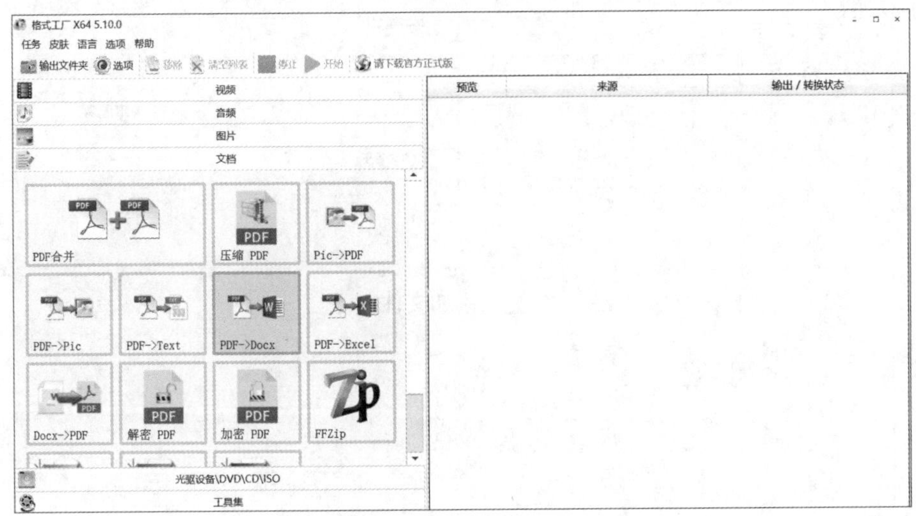

图4-2　格式工厂界面

任务二　用格式工厂剪辑、转换视频

任务导入

格式工厂不仅能转换视频格式，还提供了音视频文件的剪辑、合并、分割，视频文件的混流、裁剪和去水印。软件里还包含了视频播放、屏幕录像和视频网站下载的功能。

任务实施

步骤 1　打开格式工厂主界面，如图4-3所示。双击MP4图标，进入格式转换界面。

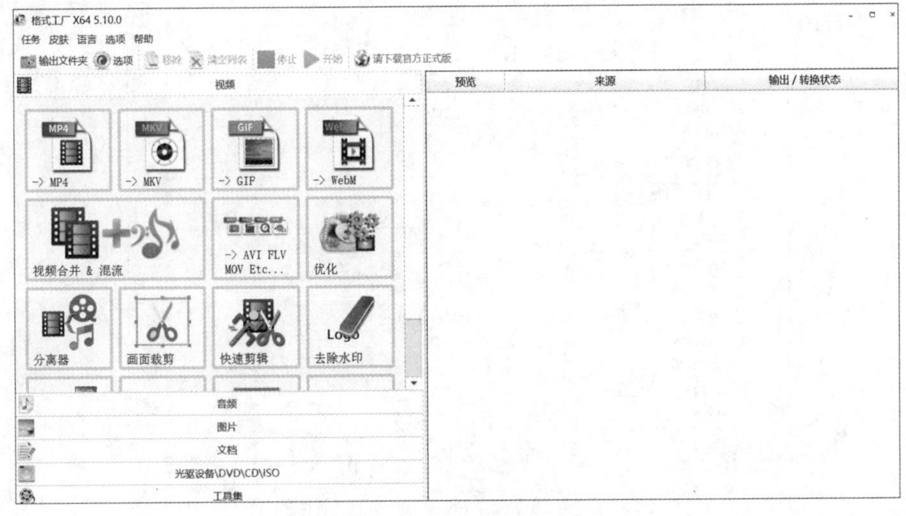

图4-3　格式工厂主界面

步骤 2 通过“添加文件”按钮，可将某种格式的视频转换成MP4 格式，如图4-4所示。

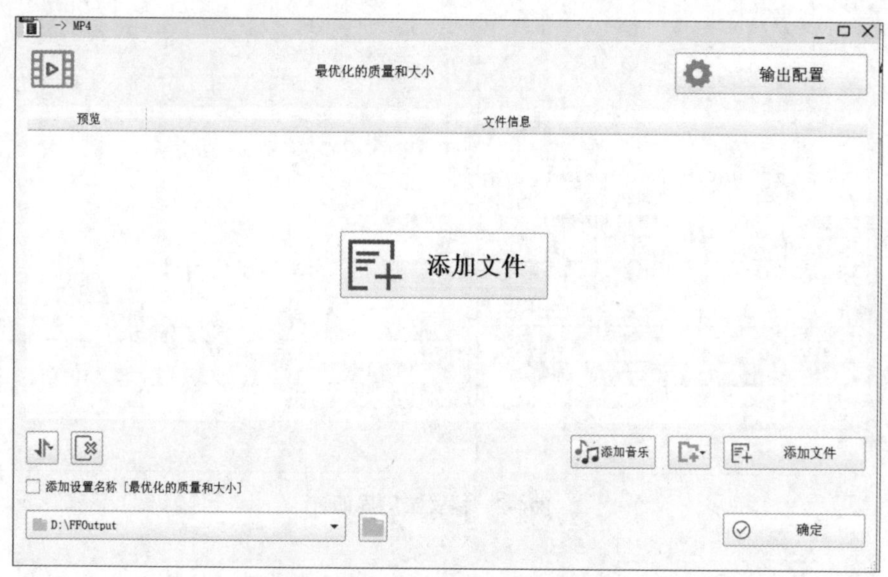

图4-4 格式工厂格式转换界面

步骤 3 单击“输出配置”按钮，进入“视频设置”对话框，可以对视频的质量和大小、字幕、背景音乐参数进行设置，无特殊要求的用户采用默认设置即可，如图4-5所示。

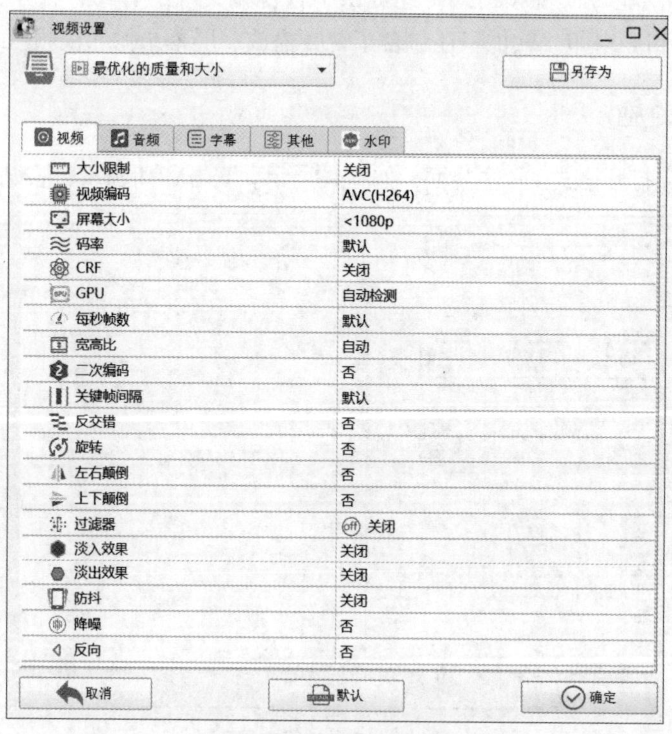

图4-5 格式工厂参数设置

步骤 4　单击“确定”按钮，返回视频转换界面。若需转换某个文件夹内的所有视频，就单击“添加文件夹”按钮来添加需要转换的视频文件，如图4-6所示。

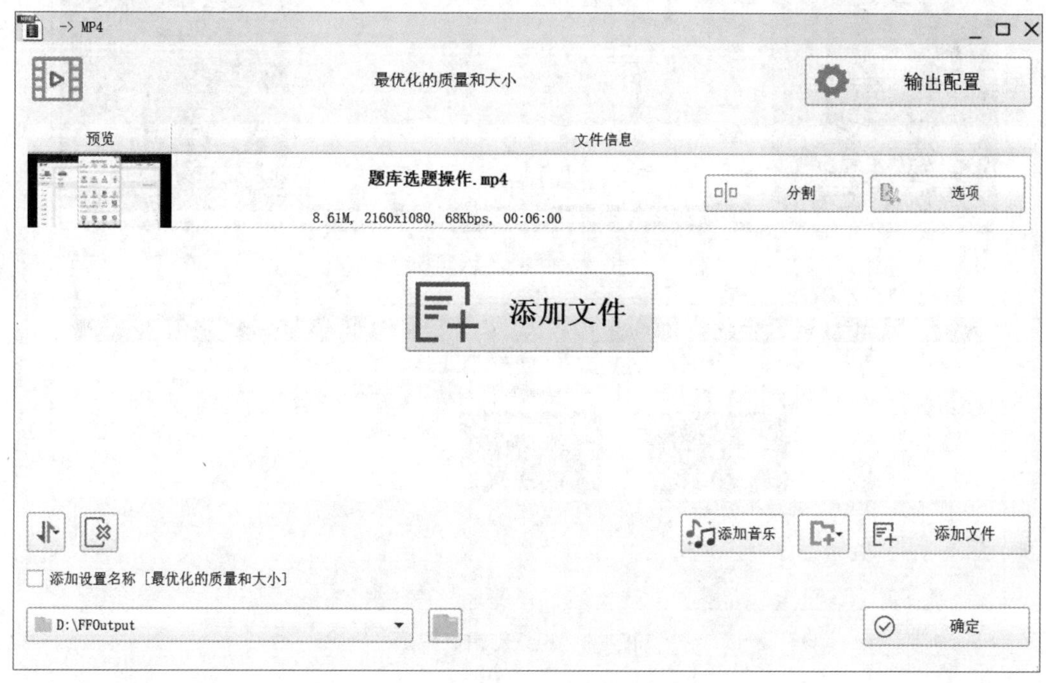

图4-6　添加文件

步骤 5　单击“分割”按钮，进入视频分割设置对话框，可以从按时间长度、文件个数、文件大小等参数将视频分割成多个片段，如图4-7所示。

图4-7　视频分割设置

步骤 6　单击图4-6中“分割”按钮右侧的“选项”按钮，打开视频剪辑界面，如图4-8所示。

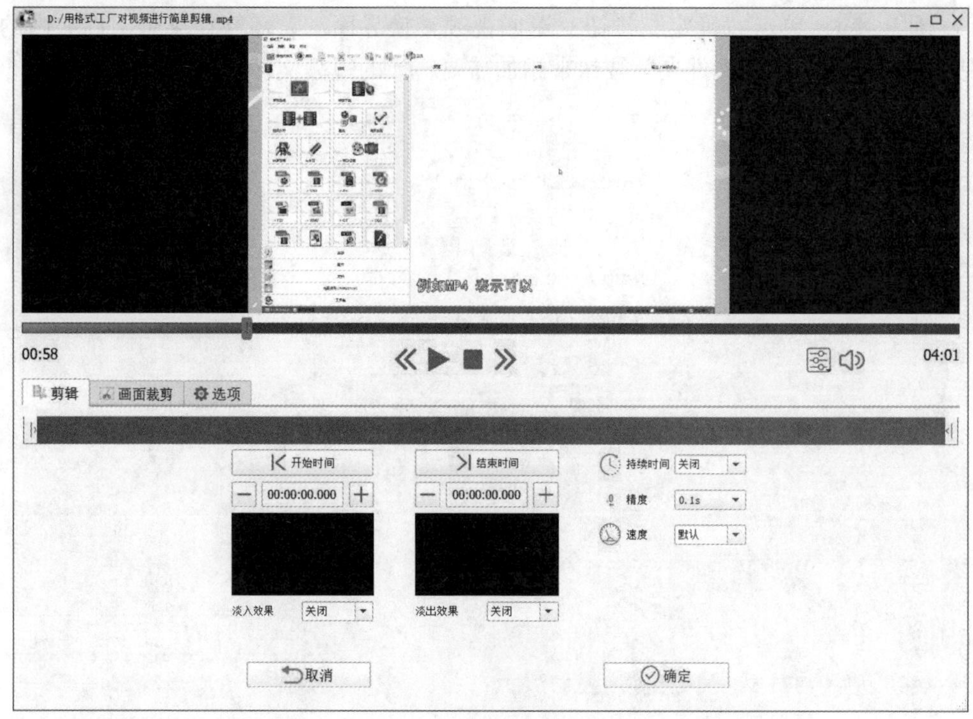

图4-8 视频剪辑设置

步骤 7 在“剪辑”选项中可以设置“开始时间”“结束时间”来截取所需片段，并可以根据需要设置“速度”及淡入淡出效果等，如图4-9所示。

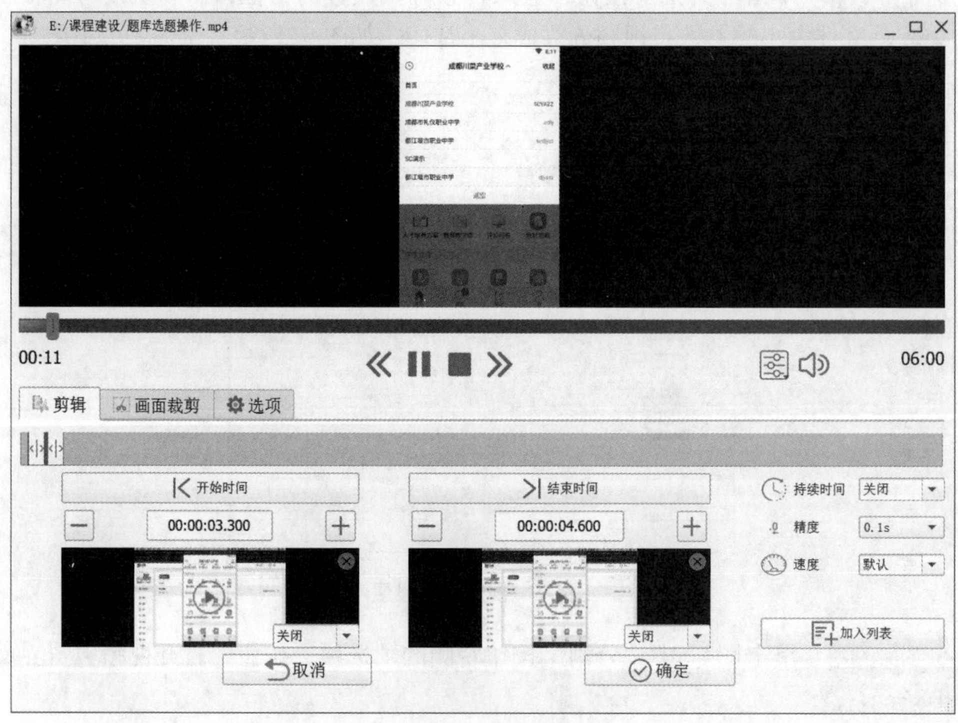

图4-9 视频剪辑时间设置

步骤 8　在“画面裁剪”选项中，用户可以通过拖动矩形框的方式选取所要裁剪的画面区域，如图4-10所示。

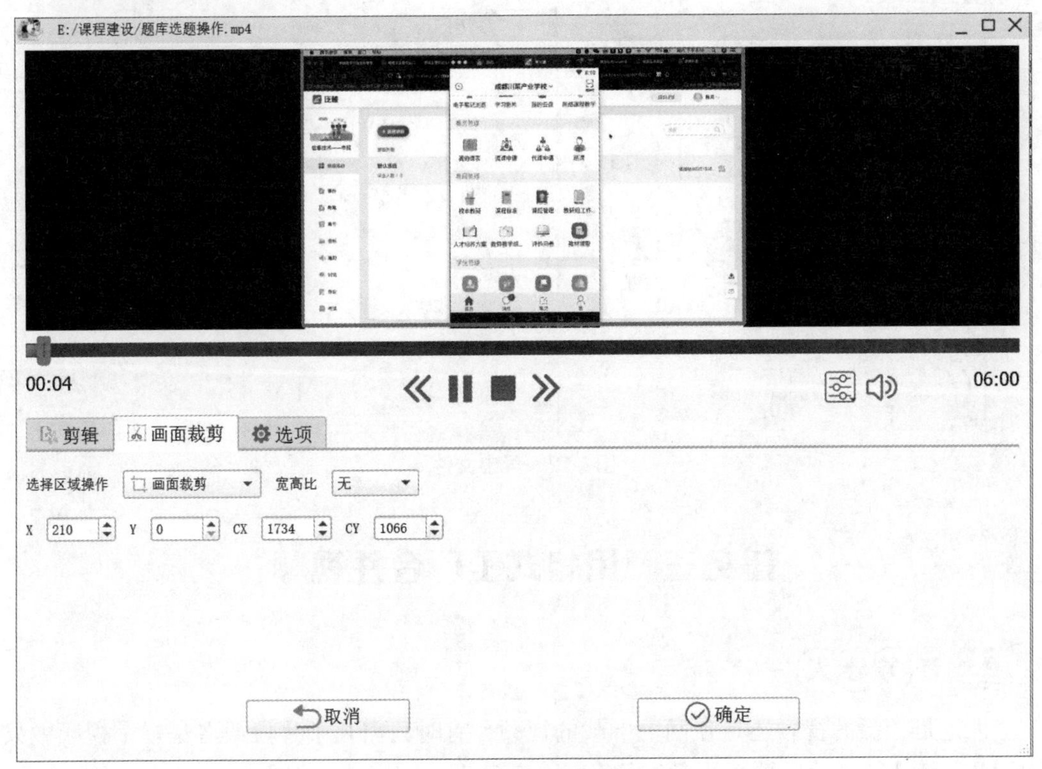

图4-10　画面裁剪设置

步骤 9　该区域可根据需要自由调整，用户也可重新设置视频裁剪后的宽高比，如图4-11所示。

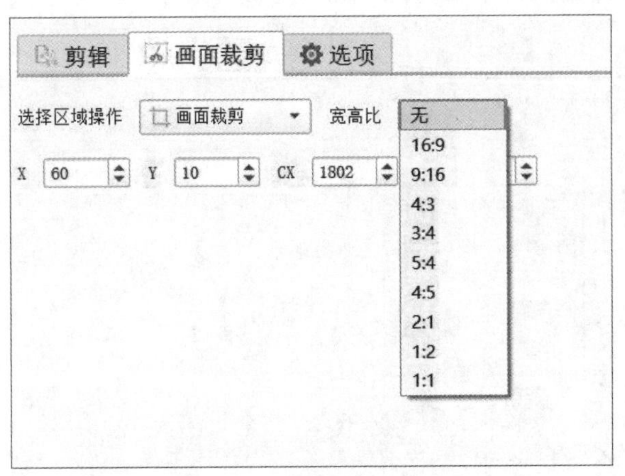

图4-11　视频高宽比设置

步骤 10　单击“确定”按钮回到初始界面。单击“开始”按钮，右侧状态栏会出现处理进度条。转换完成之后，单击主界面的“输出文件夹”，或者右击任务，在弹出的菜单中选择“打开输出文件夹”命令，则可找到转换完成的视频，如图4-12所示。

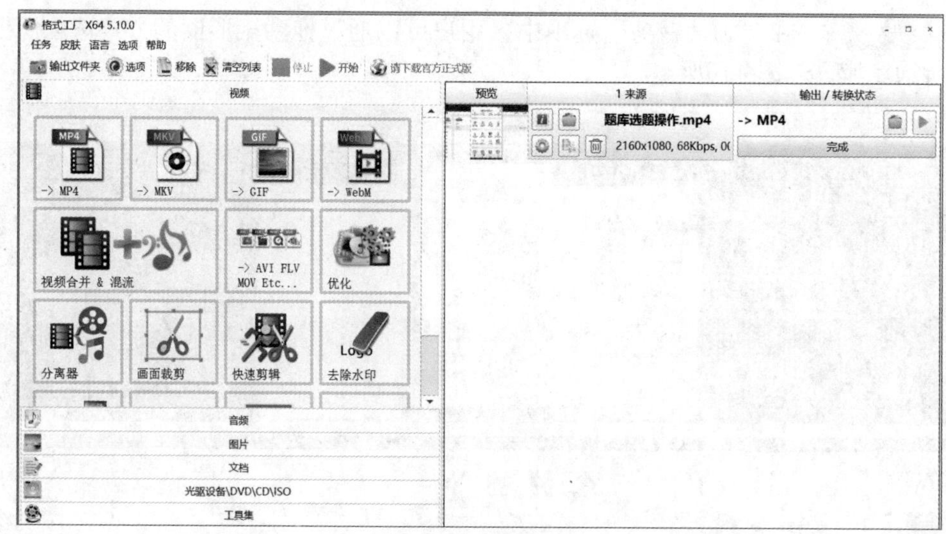

图4-12　导出文件

任务三　用格式工厂合并视频

任务导入

无论是拍摄的视频还是在网上下载的视频，有时只需几个片段或者是一个视频中只用到几个镜头，这就需要将视频进行合并和剪裁以达到完美的效果。

任务实施

步骤 1　打开格式工厂软件，在主界面单击 “视频合并&混流”按钮，如图4-13所示。

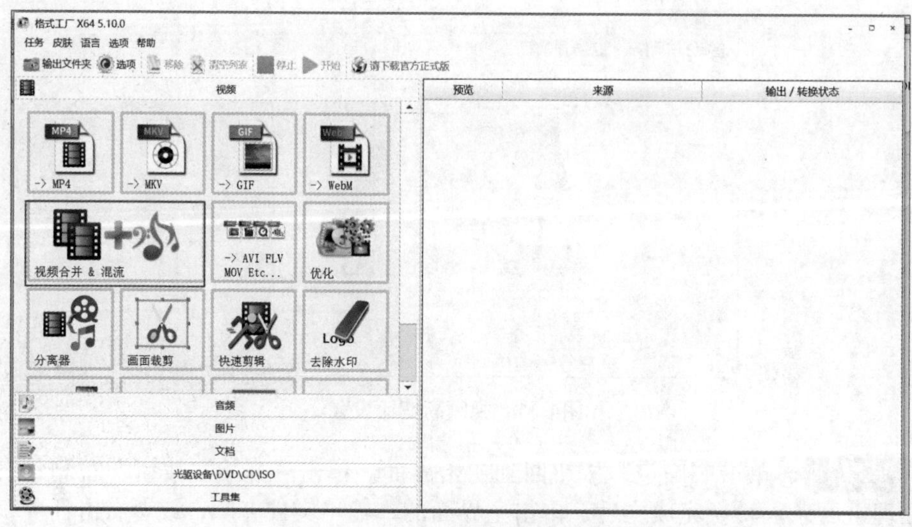

图4-13　“视频合并&混流”选项

步骤 2　打开“视频合并&混流”对话框，可以对视频进行合并，对音频进行混流设置，如图4-14所示。

图4-14　“视频合并&混流”对话框

步骤 3　在“输出配置”选项中设置好输出格式后，单击“视频”选项卡中的“添加文件”按钮，将要合并的多个视频添加到文件列表中，如图4-15所示。通过视频列表右侧的“选项” 按钮，对各段视频进行剪辑设置。

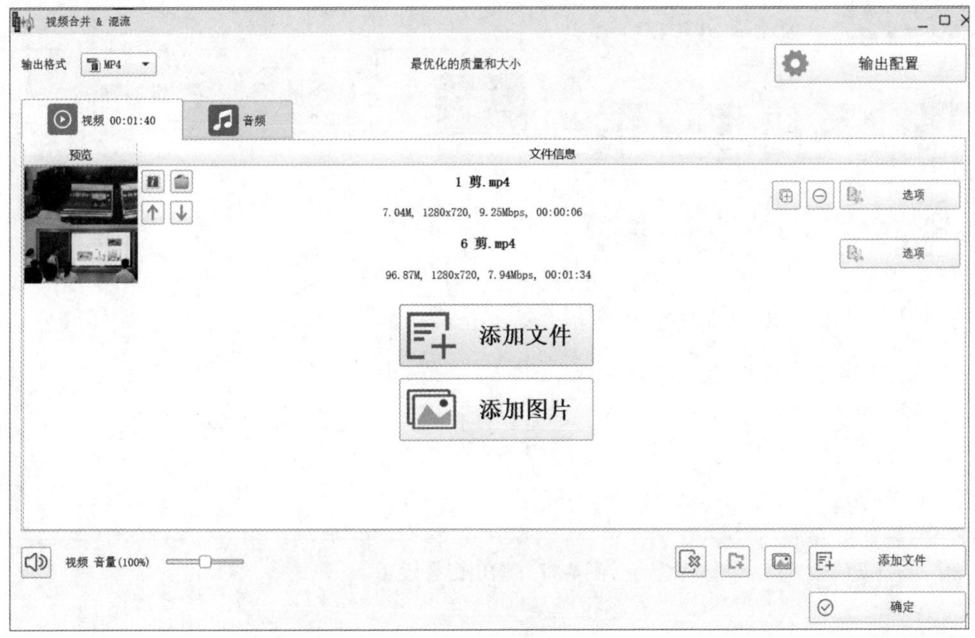

图4-15　输出配置设置

步骤 4 剪辑设置完成后，返回主界面，就会看到刚刚建立的合并任务，如图4-16所示。

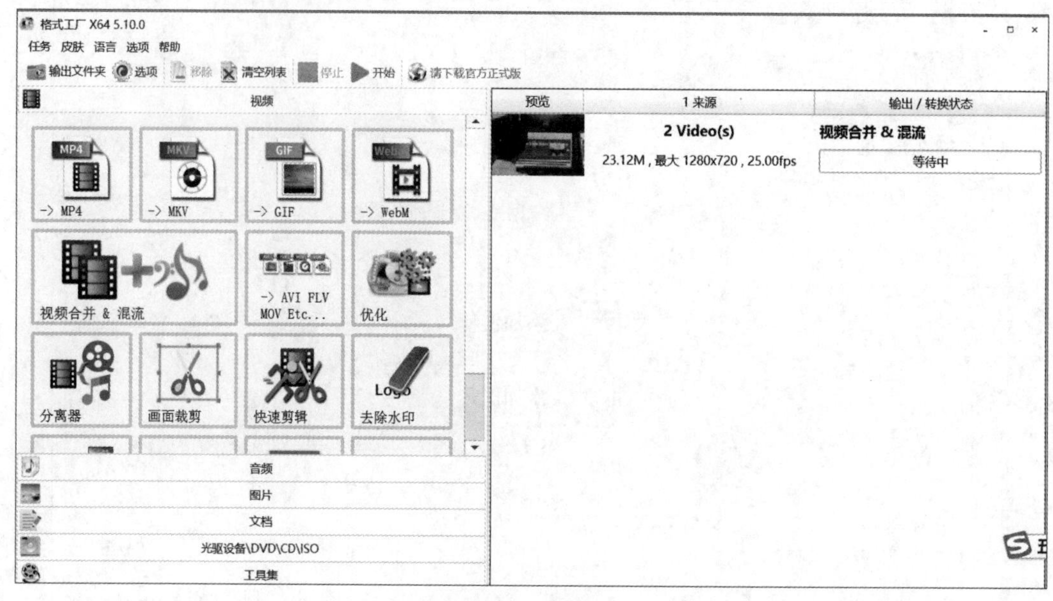

图4-16 视频合并

步骤 5 单击工具栏的“开始”按钮，开始合并视频。任务完成之后，单击主界面的“输出文件夹”按钮，或者右击任务，在弹出的快捷菜单中选择“打开输出文件夹”命令，就可以查看自己合并完成之后的视频了，如图4-17所示。

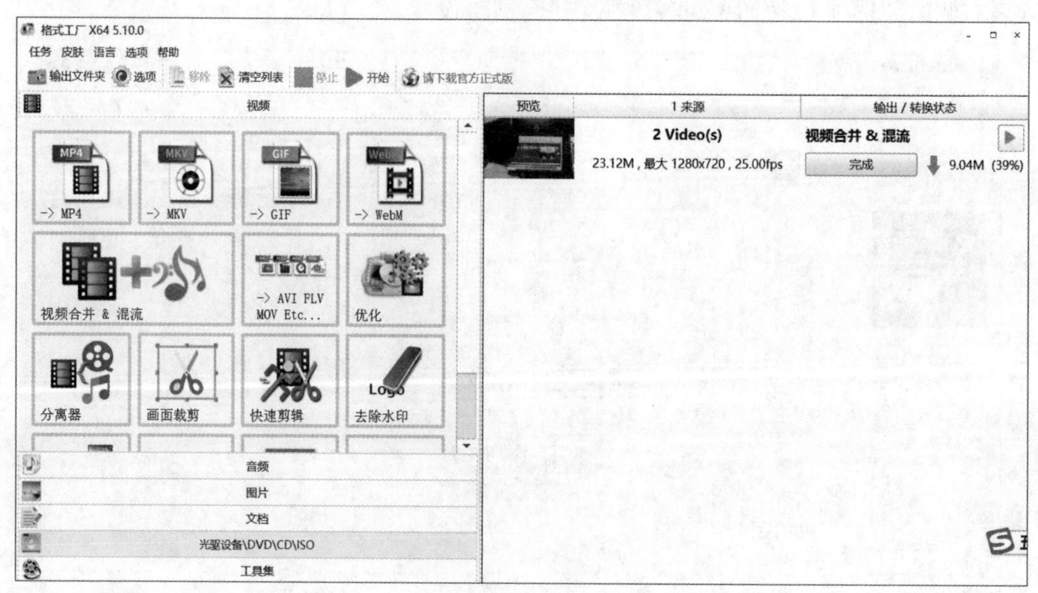

图4-17 输出配置设置

项目五 拍摄微课

任务一 拍摄环境的布置

任务导入

微课的拍摄由于教学科目的不同，教学类型也不同，除了在传统的教室、多媒体教室，还会在实验室、计算机网络教室、户外操场等场地进行拍摄。

任务实施

1. 传统教室场地布局

教室是拍摄微课的主要场地，拍摄场地的布局和环境对微课的拍摄效果起着至关重要的作用。如何设计教室场地的布局主要考虑以下几个方面。

- 教室位置的选择：拍摄微课所使用的教室位置应该选择相对比较安静的地方，最好有隔离带，防止闲杂人员走动、吵闹，人为制造杂音。
- 教室的窗帘：应为银灰色（或其他浅颜色）的遮光布，桌布应为浅蓝色或浅黄色。布料尽量与教室的整体色调保持一致。
- 桌椅排列：最好是传统的班级授课式（见图5-1），由于拍摄时，机位要占去教室的一定空间，并且形成了拍摄死角，如选择学生参与录制微课时，应考虑拍摄死角的问题。

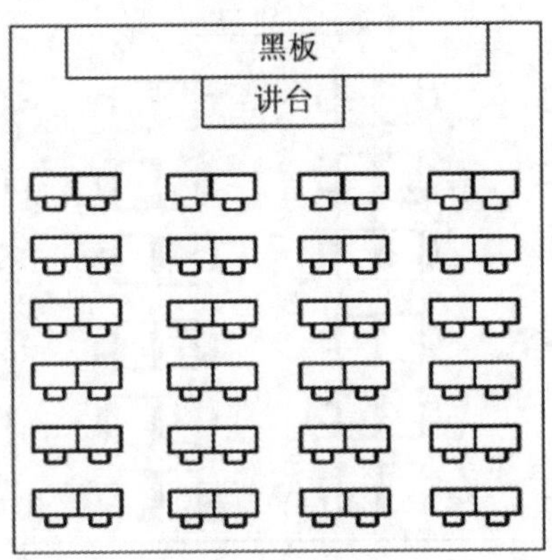

图5-1 桌椅排列

- 教室环境设计：要保留或设置极具特色的班级文化，黑板上方的标语、教室前角的管理文化、教室后方的黑板报（见图5-2）、教室后角的图书柜、教室墙壁的小组文化等。正对摄像机一面的课桌抽屉要完整清洁，无刻画痕迹。

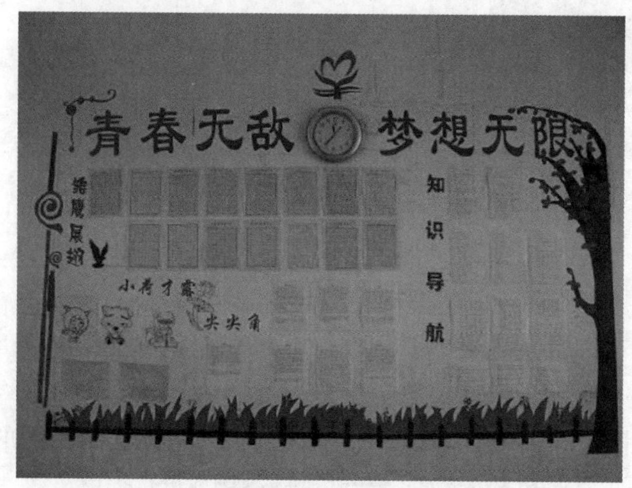

图5-2　黑板报

2. 多媒体网络教室布局

利用多媒体网络教室拍摄微课与传统教室布局有区别。一般多媒体网络教室由计算机局域网、视频投影系统、音响系统、供电照明系统、计算机、黑（白）板、窗帘等构成。拍摄场地设计中摆放计算机的桌椅的排列方式是设计的重点。一般电脑桌椅的摆放有两种：直列式和横排式。

- 直列式：该摆放方法常见的是在教室中安排 4 ~ 6 列电脑桌（见图5-3），由若干张桌子相连组成一列，教师用计算机与服务器摆放在教室的最前面。这种排列方式有利于拍摄教师指导学生以及学生操作的画面，但有一个不方便之处就是学生的视线与黑板平行，教师在黑（白）板上讲解时学生要扭头90°才行。

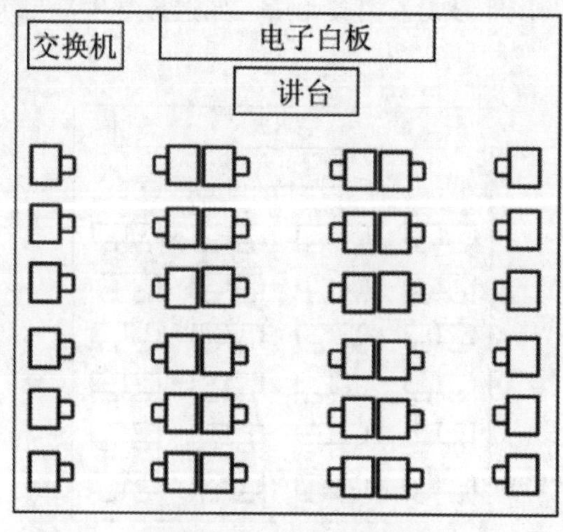

图5-3　直列式摆放方法

● 横排式：所有的计算机都面向教室的黑板，几台相连的计算机桌平行于黑板排放，每排之间留有学生的座位和供通行的过道，在中间是一条较宽的走道（见图5-4）。这种排列方式的优点是学生都面向教师而坐，授课非常方便，拍摄微课全景画面效果较好，但是拍摄学生操作和教师与学生互动画面会受到局限。

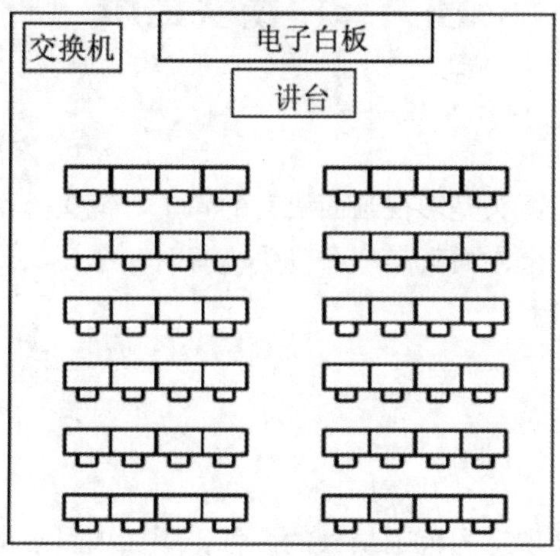

图5-4　横排式摆放方法

3. 协作学习教学场地环境布局

协作学习是一种通过小组或团队的形式组织学生进行学习的一种策略。小组合作协作学习的座位安排要求如下。

● 有利于教师对各组的自主学习、合作交流情况进行宏观调控。

● 组员可亲密接触，有利于资源共享、及时交流，组员可以互相观察，有利于团队成员间互帮互助、互相监督，共同提高。

● 有利于各小组展示活动成果。

● 有利于教师参与小组讨论、指导小组活动。

根据上述要求，拍摄协作学习教学时，可以前后桌搭配（见图5-5）。按照学生面对面的小组排列，势必有学生总是背对着镜头，但在微课拍摄时可以使用移动拍摄解决。

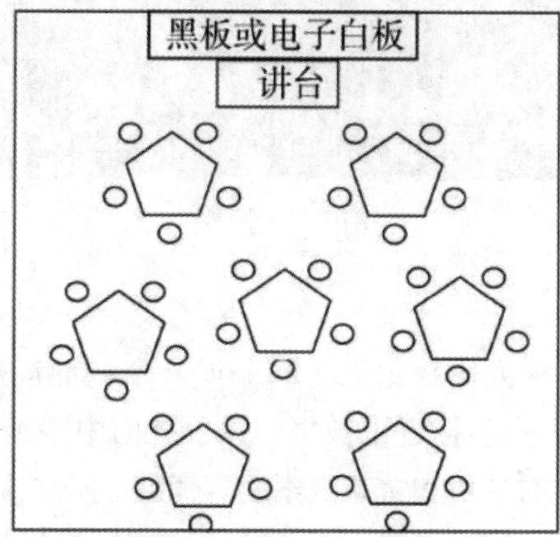

图5-5　协作学习教学场地环境布局

与普通教室不同，适用于微课拍摄的教室（如演播室或录播室），为保证拍摄的整体效果，对灯光、声音有更高的要求：灯光亮度要均匀，声音拾取要清晰，教室内部布局要简洁，色调以浅色柔和为主。

任务二　镜头运用

任务导入

画面是影视的语言，镜头是影视画面语言的句子。镜头是由画面构成的，镜头变，构图随之而变。有时，一个画面就是一个镜头，有时一个镜头却有许多画面。微课拍摄中所用到的镜头的种类如下。

任务实施

1.远景

远景是各类景别中表现空间范围最大的一种，画面内呈现的是开阔的空间或壮观的场面，人物所占的面积极少，基本上呈点状。它适用于户外拍摄，用于介绍环境。

2.全景

全景（见图5-6）表现的是某一被摄对象（如课堂、人物等）的全貌，主要用于事物全貌的介绍或展示，如课堂的环境、学生的活动、教师的教态等，强调的是教学的氛围、情景，揭示事物互相之间的关系。

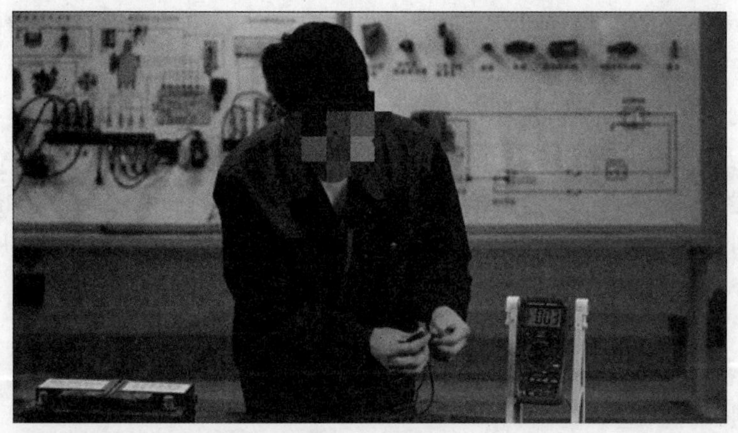

图5-6　全景

3.中景

中景（见图5-7）是表现人体膝盖以上部分或一个场面局部的画面。中景与全景相比，表现的范围缩小了，进一步接近了被摄主体；画面中展示的除了被摄主体外，还有与主体有关的周围环境，此时环境和背景因素起着辅助、陪衬或烘托的作用，并与主体一起表达一个相对完整的意义。中景主要是用来揭示主体人物的情绪、身份以及动作目的。

图5-7 中景

4.近景

近景（见图5-8）是人物胸部以上或物体局部的画面。它与中景相比，画面表现的空间进一步缩小，内容也更趋单一。它主要是用来表现包含人物面部表情的动作和变化等，可给人以交流感，如学生回答问题、做实验；老师讲课、写板书、做演示实验等。

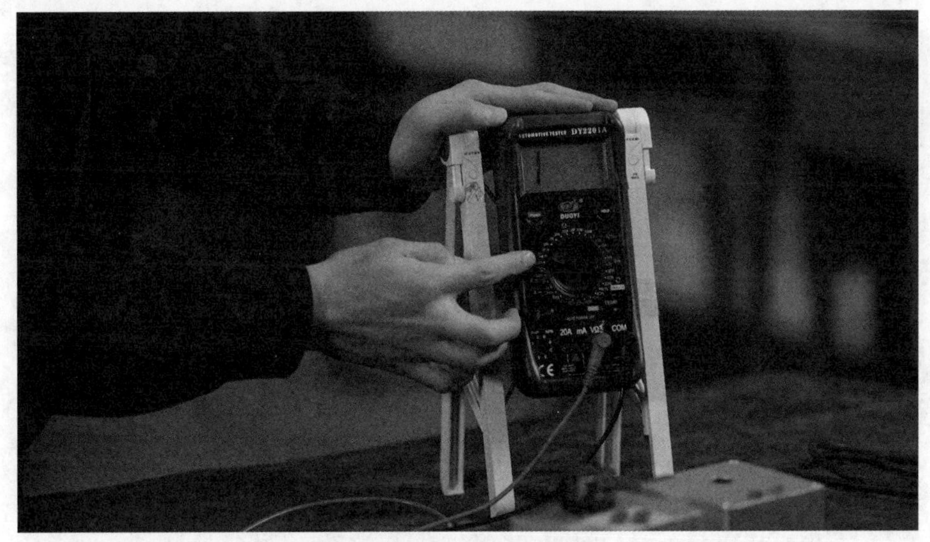

图5-8 近景

5.特写

特写（见图5-9）是人体肩部以上的头像或某些被摄对象细部的画面，是对事物细小部位的放大，给人以较强烈的视觉冲击，强化观众对所表现的形象的认识和感受，加深记忆。如板书内容、实验现象、师生的面部表情和神态等。

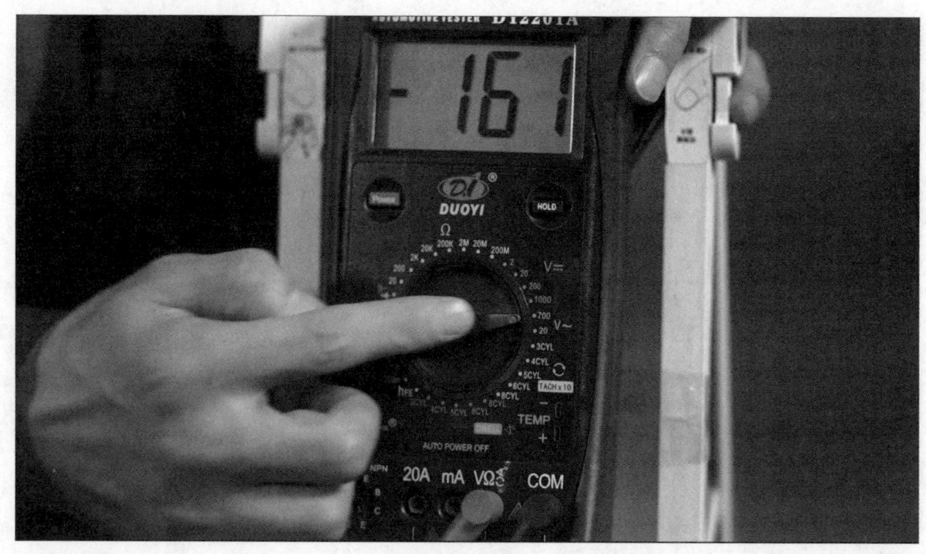

图5-9 特写

6.摇镜头

摇镜头（见图5-10和图5-11）就是摄像机位置不动，借助于三脚架上的云台，按某一方向水平或垂直转动摄像机所拍摄到的镜头。其画面效果犹如人们转动头部环绕四周或将视线由点移向另一点的视觉效果。其目的就是通过摄像机的运动将画面向四周扩展，使画面更加开阔，给人完整的印象。

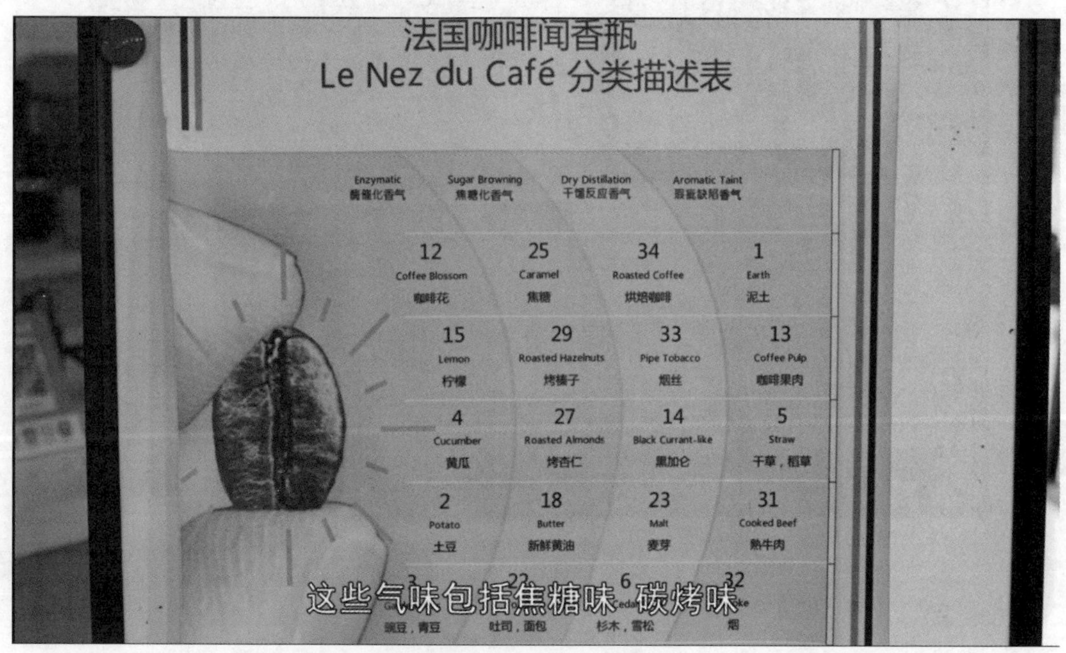

图5-10 摇镜头起幅

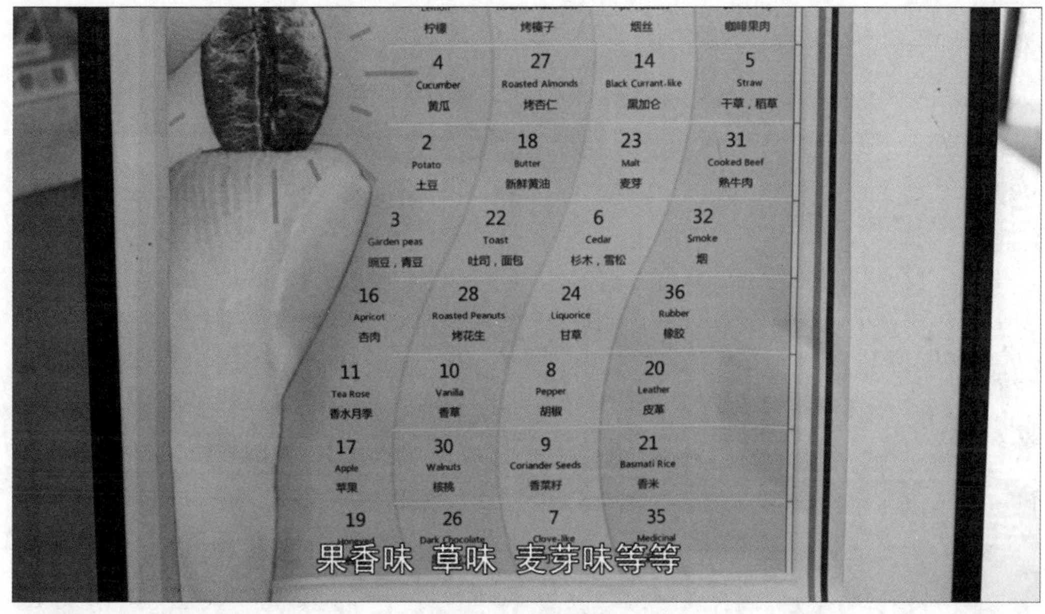

图5-11　摇镜头落幅

7. 推镜头

推镜头（见图5-12和图5-13）就是通过变焦使画面的取景范围由大变小、逐渐向被摄主体接近的一种拍摄方法。其目的就是“引导”甚至“强迫”观众对被摄体的注意，有突出主体、强调局部的作用。例如用于引导观察板书、投影、人物表情或动作以及实验现象等。

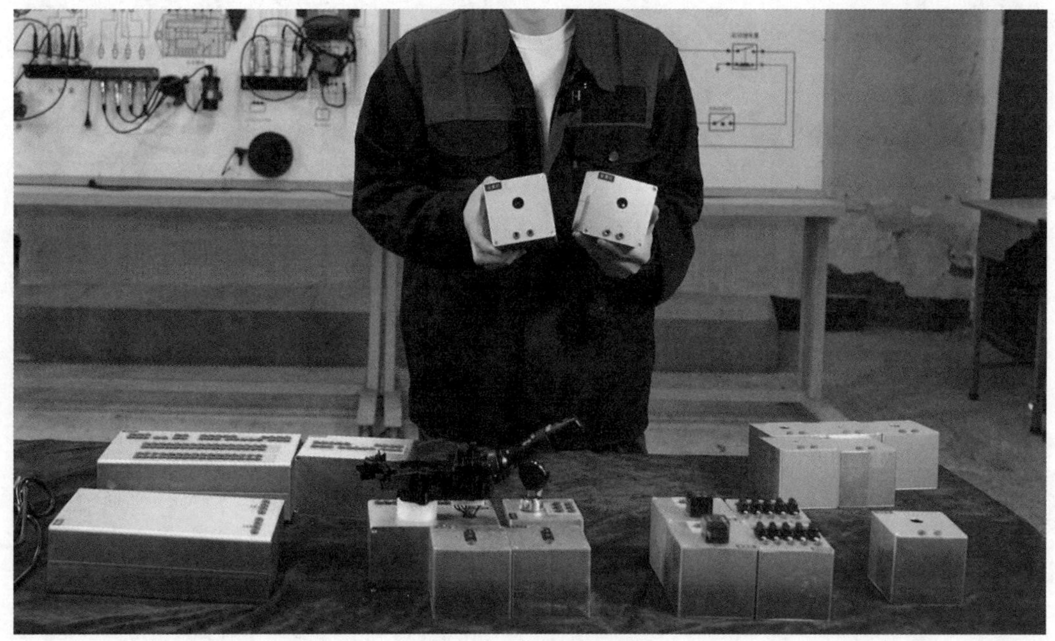

图5-12　推镜头起幅

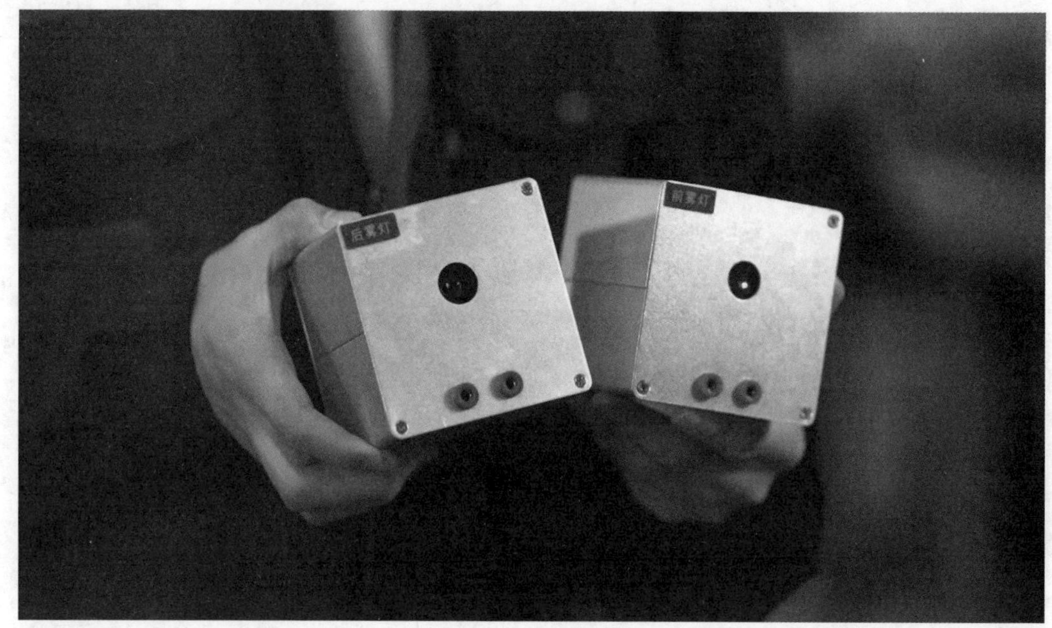

图5-13　推镜头落幅

8.拉镜头

与推镜头相反，拉镜头（见图5-14和图5-15）是通过变焦使画面的取景范围和表现空间由小到大、由近变远的一种拍摄方法。它强调的是主体与整体以及主体与环境的关系，拉镜头在一个镜头由小景别向大景别连续的变化中保持了表现空间的连贯性和完整性，画面表现上具有无可置疑的真实性和可信性。

图5-14　拉镜头起幅

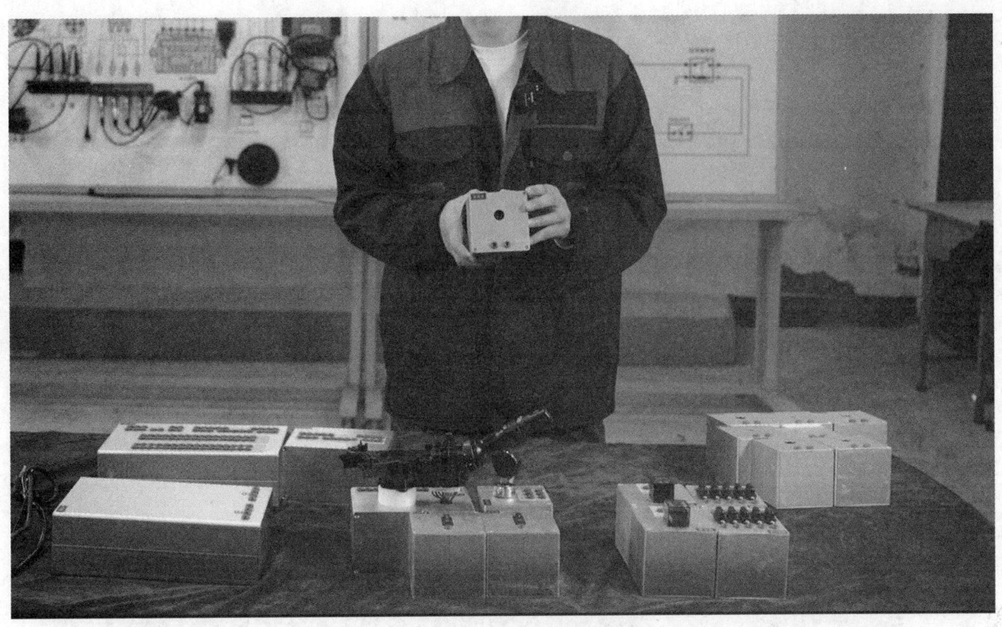

图5-15　拉镜头落幅

9.跟镜头

跟镜头（见图5-16～图5-18）是摄像机镜头跟随运动的被摄体一起运动而进行的拍摄，其特点是画面始终跟随一个运动的主体，并且要求这个被摄对象在画框中处于一个相对稳定的位置上，以利于展示运动主体的神情变化和姿态变化，如教师移动的场景。

10.移镜头

移拍摄（见图5-19和图5-20）是将摄像机架在可移动物体（如装有滑轮的三脚架）上并随之运动而进行的拍摄，如从后面移动到正面拍摄学生认真学习的场景。

图5-16　跟镜头起幅

图5-17　跟镜头过程

图5-18　跟镜头落幅

图5-19　移镜头起幅

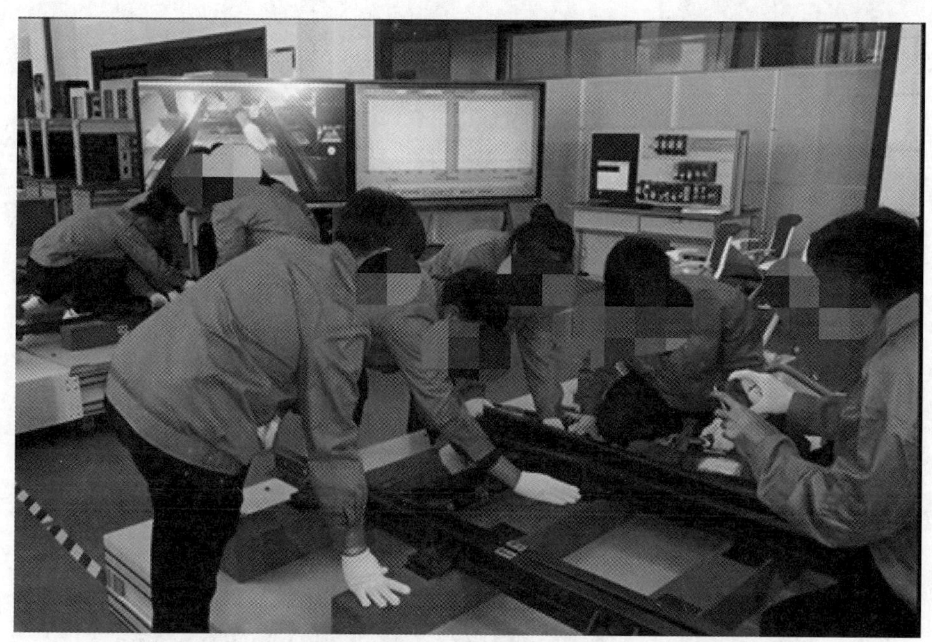

图5-20　移镜头过程

11.组合拍摄

组合拍摄是指在一个镜头中有机结合推、拉、摇、移、跟等几种不同摄像方式的拍摄方法，用这种方式拍摄的画面也叫作综合运动镜头。

任务三　手机拍摄微课

任务导入

手机拍摄制作微课的方法主要有三种形式：一是固定式垂直拍摄；二是固定式水平拍摄；三是移动混合式拍摄。无论使用哪种便携式数码设备，都可以参考，以便举一反三。

就拍摄微课而言，摄像性能效果越强的手机制作视频效果会越好。当然手机制作微课的特点是对设备门槛要求低，只要有好的创意，在注意光线与声音环境的前提下，也可以拍摄出优秀的微课。下面通过实例介绍拍摄方法。

任务实施

我们以《清平乐·村居》一节微课为例，该微课借助手机支架固定手机，通过垂直向下拍摄的方式拍摄视频（见图5-21和图5-22）。

图5-21　标注字词

图5-22　作者介绍

本例在拍摄制作之前，授课教师需要准备手机固定支架，拍摄方式如下。

（1）设备准备

手机垂直拍摄之前，准备手机、手机支架、纸张、胶带、裁纸刀、彩色笔等设备（见图5-23）。

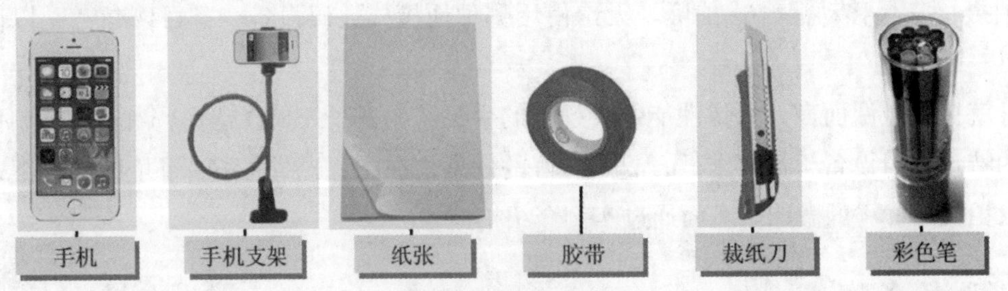

图5-23　设备准备

（2）固定手机

首先将手机支架下方固定在桌子上，调整支架弯度，然后将手机固定到支架上，并调整手机拍摄的水平度（见图5-24）。

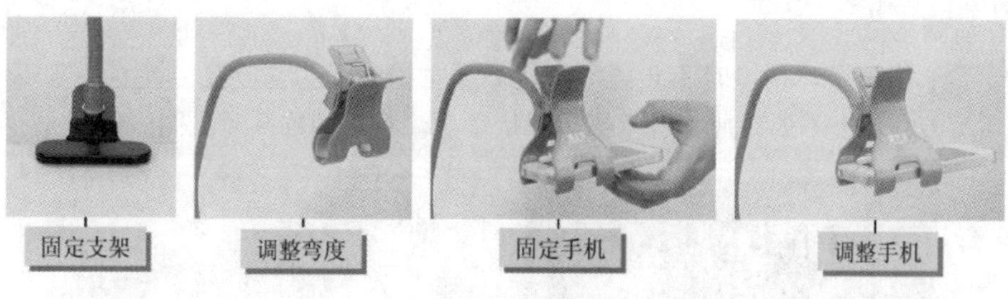

图5-24　固定手机

（3）设置区域

通过胶带在桌面上固定成一个矩形区域，便于手机拍摄时老师定位显示区域范围（见图5-25）。

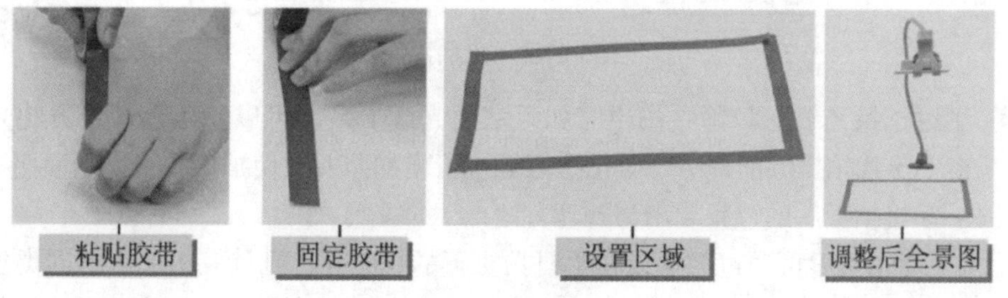

图5-25　设置区域

（4）拍摄

打开手机自带的拍摄软件，调整好拍摄选景范围与拍摄焦点后，设置拍摄视频大小与格式，开始录制；拍摄过程中注意操作效率与节奏；拍摄结束后按停止键结束拍摄。

（5）注意事项

使用手机固定拍摄不同于一般的视频拍摄，拍摄时要注意一些细节，如不要超出拍摄范围、不能头部遮挡镜头、手上没有饰品等。

- 注意拍摄范围。授课时应在固定区城内进行操作。不要将教学用的物品放在拍摄区域之外（见图5-26）。

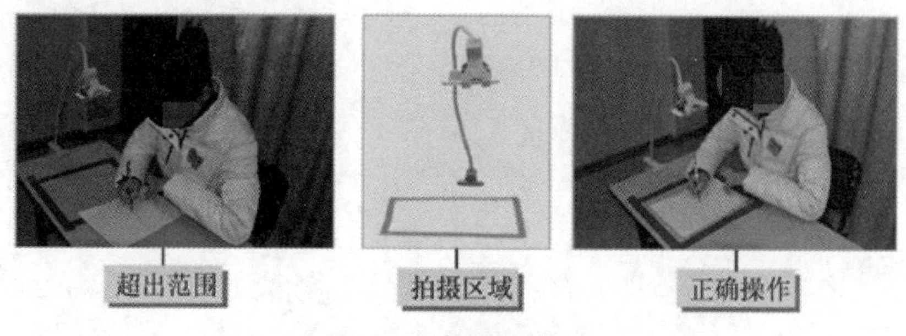

图5-26　注意拍摄范围

- 注意拍摄动作。教师授课拍摄时要注意操作时动作节奏，特别是手部在书写文字时不可上下移动，因为软件自动对焦的原因，上下移动速度过快导致画面不清晰。

- 不干扰拍摄。拍摄时不要出现干扰微课拍摄的行为与物品。注意头部不要遮挡镜头，手上不要有戒指、手镯等干扰学生注意力的饰品（见图5-27）。

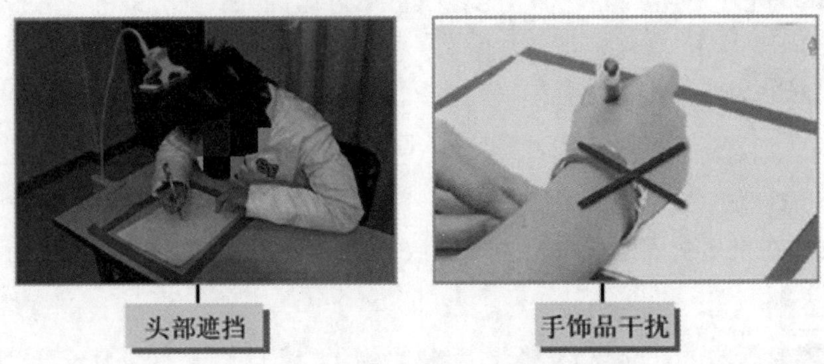

图5-27　不干扰拍摄

- 注意拍摄光线。教师在拍摄时如果室内光线不足，可以使用台灯之类的光源，在不干扰拍摄的前提下，对拍摄区域进行增加照明，使拍摄的视频画面明亮。

（6）手机拍摄后的视频导出与处理方法

手机微课拍摄后可通过数据线将手机拍摄下的视频导出到计算机。因不同类型的手机拍摄的微课视频格式各不相同，可以通过格式工厂软件对拍摄的视频进行格式转换。

用手机拍摄微课除了固定式垂直方式拍摄外，还可以用固定式水平方式拍摄，也可以对计算机屏幕进行拍摄。可以将计算机屏幕上一些普通学科老师难以下载的视频或动画课件的播放过程录制下来。固定式水平拍摄的方法与垂直拍摄方法基本相同。

项目六 微课资源制作

基于信息技术环境教学背景下，微课作为重要的教学手段，应用于教学实践。老师们可借助微课资源，深度挖掘教材，充分发挥教材应有的价值，激发学生学习兴趣。制作微课资源的辅助软件主要包含：Photoshop、Camtasia Studio、Premiere、ProShow Producer等。

任务一　图片素材处理

任务导入

以常用的 Photoshop（简称 PS）软件为例，来介绍图片素材常用的加工处理方法。

任务实施

步骤 1　在 PS 中打开一张已下载且包含有文字（Summer）的照片，如图6-1所示。

图6-1　打开带水印素材图片

步骤 2　使用“矩形选框工具”在要消除水印的地方绘制一个矩形选区，按【Delete】键，出现“填充”对话框如图6-2所示。

图6-2　框选水印区

选择“内容识别”，单击“确定”按钮，去除文字水印，如图6-3所示。

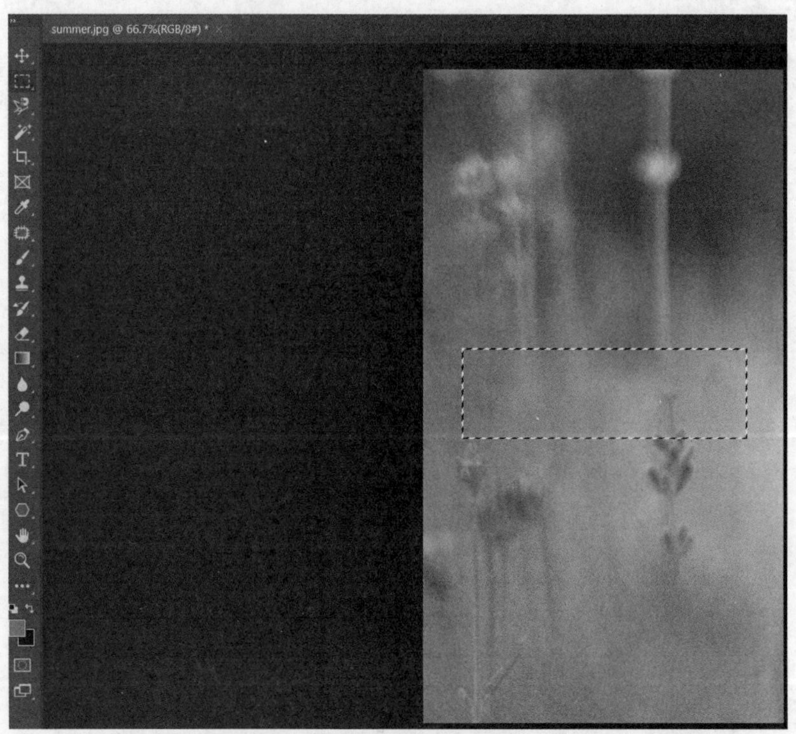

图6-3　去除水印效果

步骤 3　使用“裁剪工具”绘制一个裁剪选区。选中上方“属性”栏中的“内容识别”选项，如图6-4所示。

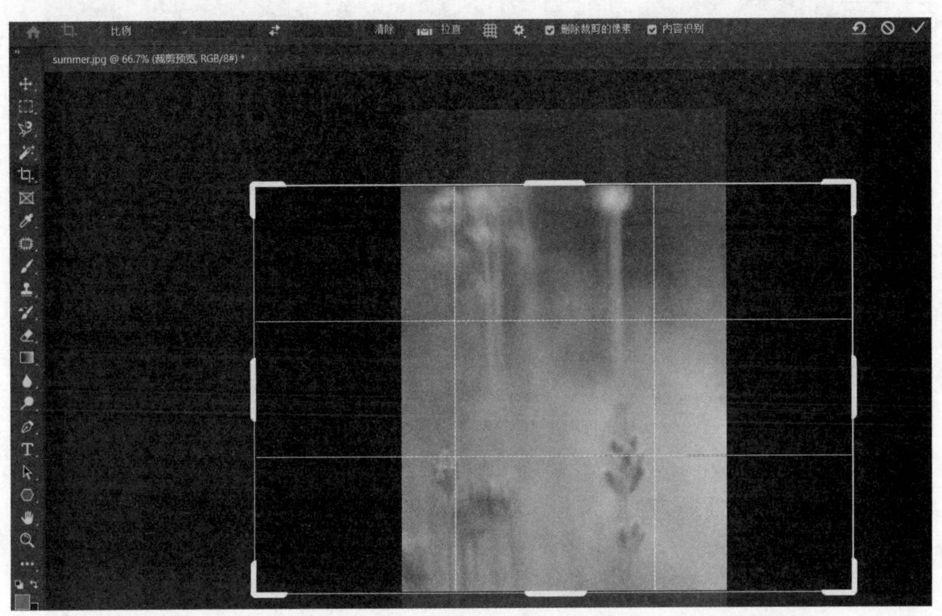

图6-4　识别裁剪选区内容

步骤 4　单击属性栏上的“√”按钮，将图片由纵向裁剪成横向，如图6-5所示。

图6-5　设置图片方向

步骤 5　单击“文件”→“存储为”命令，在打开的文档存储对话框中可选择将文件保存至云端或本地，如图6-6所示。

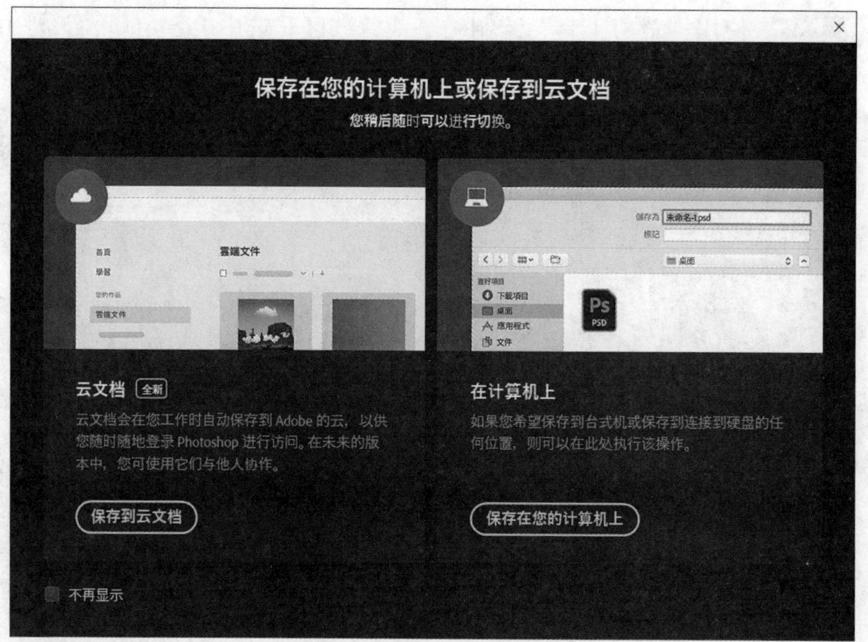

图6-6 保存文档（一）

步骤 6 选择文档的类型为“JPEG”，单击“保存”按钮，如图6-7所示。（注：根图片文档的存储格式有几十种之多，可根据需要，任选其一。）

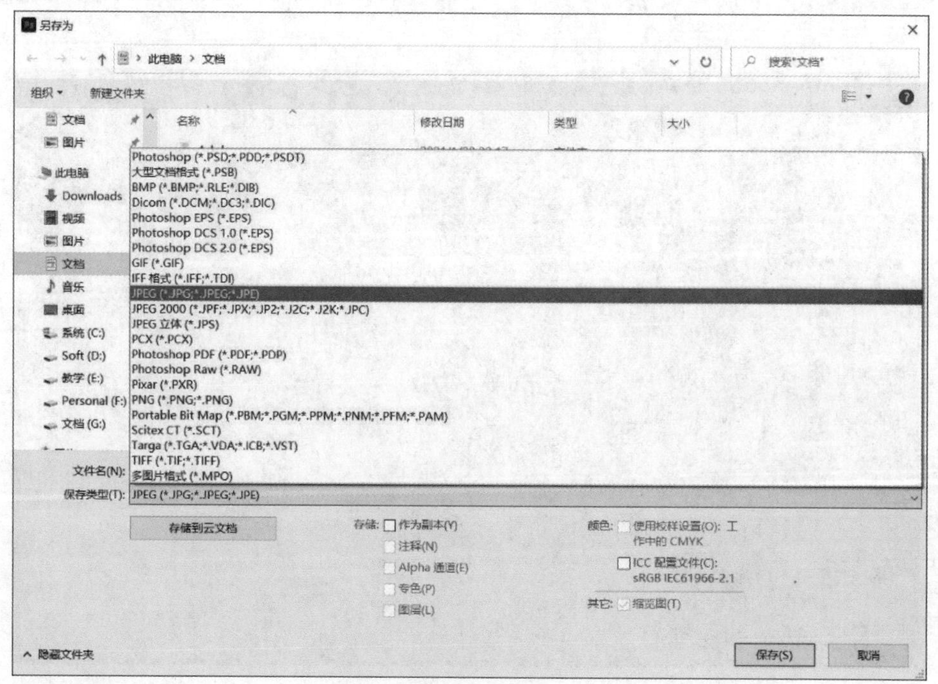

图6-7 保存文档（二）

步骤 7 打开“shirt.jpg”文档，使用“快速选择工具”选中白衬衫所在的区域，如图6-8所示。

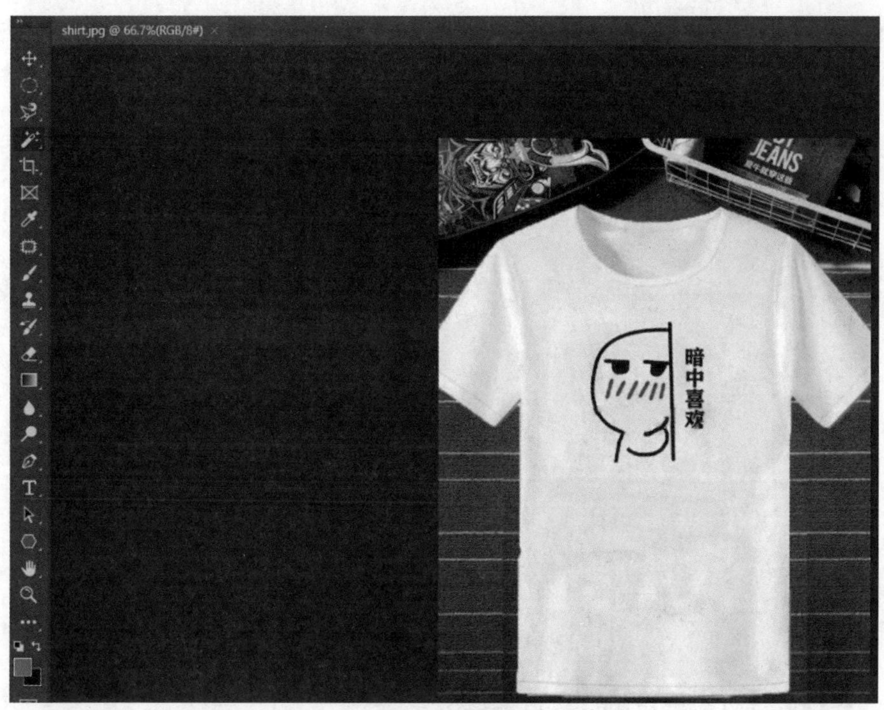

图6-8 打开图片文件

步骤 8 单击“选择”→“反选”命令，将选区反转，如图6-9所示。

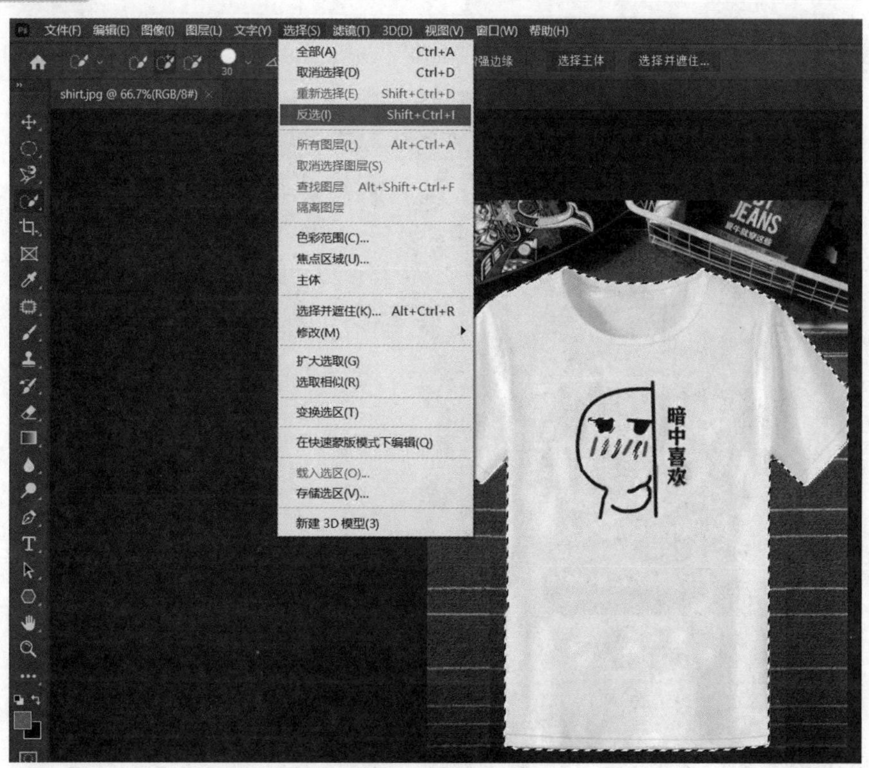

图6-9 反选内容设置

步骤9 使用“渐变工具”，在其属性栏的“渐变编辑器”中选择一种渐变样式，如图6-10所示。

图6-10 渐变设置

步骤10 自左上角至右下角拉线性渐变，完成图片的背景替换，如图6-11所示。

图6-11 替换背景

任务二　录制视频素材

任务导入

下面以 Camtasia Studio 视频软件为例，具体介绍录制屏幕的操作步骤。

任务实施

步骤 1　启动Camtasia Studio，进入工作界面，如图6-12所示。

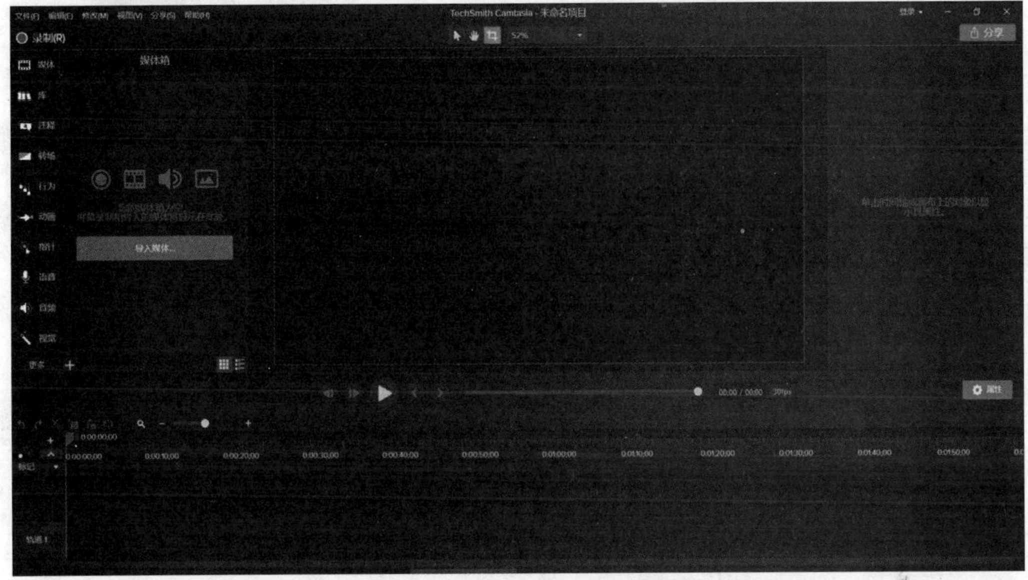

图6-12　Camtasia Studio启动界面

步骤 2　单击启动界面左上角的“录制”按钮，打开录制控制面板，如图6-13所示。

步骤 3　单击“选择区域”选项组中“自定义”下拉按钮，在弹出的下拉菜单中选择录制尺寸（如宽屏、标屏），如图6-14所示。

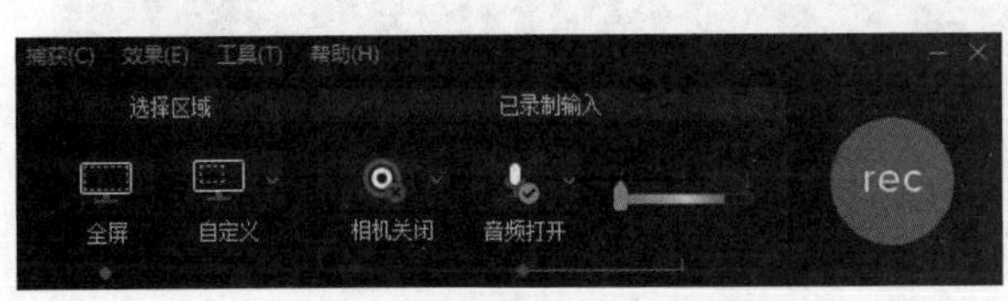

图6-13　录制控制面板

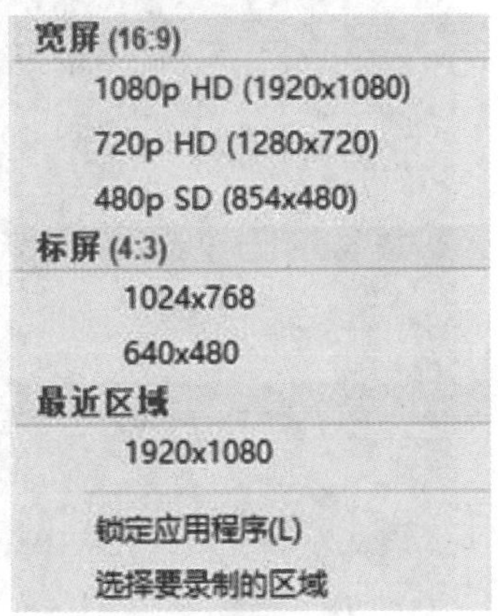

图6-14　自定义下拉菜单

步骤 4　在“已录制输入”选项组中，设置是否使用相机，以及是否录制系统音频或麦克风声音，如图6-15所示。

步骤 5　设置完毕后，单击“rec”按钮，开始录制，如图6-16所示。

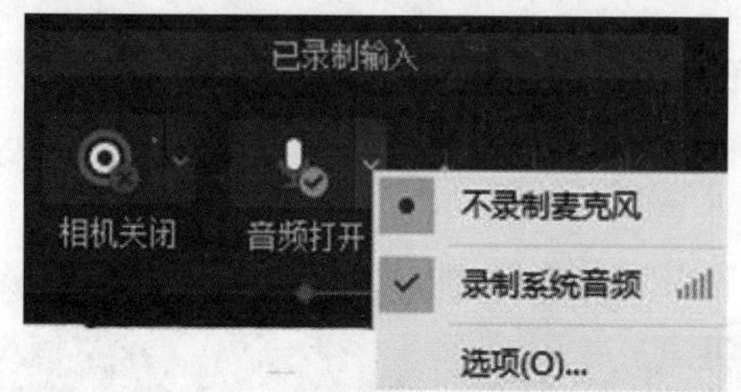

图6-15　已录制输入设置界面

图6-16　开始录制按钮

步骤 6　录制开始后，录制对话框将显示“持续时间”和“删除”按钮、“暂停”按钮、“停止”按钮，如图6-17所示。

“持续时间”表示视频录制时长，“删除”按钮表示停止录制并不保存视频，“暂停”按钮表示暂时停止录制但还可继续录制，“停止”按钮表示终止录制。

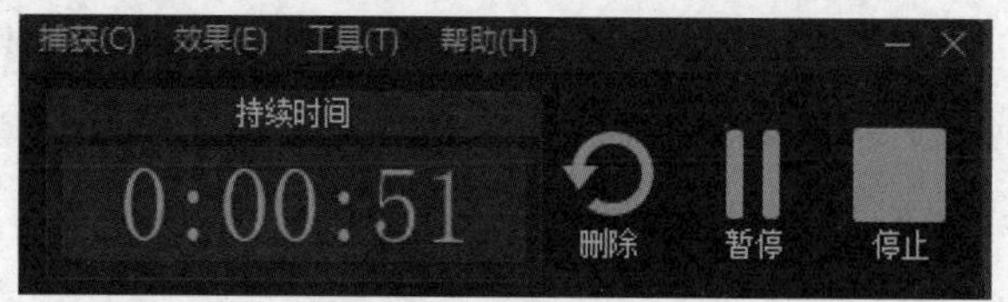

图6-17　录制界面

步骤 7　单击“停止”按钮，完成录制。此时，Camtasia Studio 将重新启动，已录制的视频被保存在Camtasia Studio 的“媒体库”中，同时时间轴自动生成视频轨道，如图6-18所示。

图6-18　完成录制界面

步骤 8 将时间轴光标移动到适当位置，单击"暂停"按钮，暂停播放视频，单击时间轴左上角的"拆分"按钮，即可将整段视频从光标位置拆分开来，如图6-19所示。

图6-19 录制视频编辑

步骤 9 选中某段视频，单击时间轴左上角的"复制"按钮，即可复制该段视频，如图6-20所示。

图6-20 视频复制

步骤 10 选中某段视频，单击时间轴左上角的"剪切" 按钮，可将该视频剪切至剪贴板，如图6-21所示。

步骤 11 选择侧边工具栏中的"视觉效果"选项，在打开的"视觉效果"面板中选择"剪辑速度"选项，将其拖动至时间轴"视频条"，如图6-22所示。

图6-21 视频剪切

图6-22 “视觉效果”面板

单击“视频条”中间的三角形按钮，显示“剪辑速度”效果条，预览窗口右侧也将出现关于“剪辑速度” 的属性设置面板，在其中可以设置“剪辑速度”的属性，如速度、持续时间等，如图6-23所示。

步骤 12 单击右上角的“分享”按钮，在弹出的下拉菜单中选择“自定义生成”中“添加/编辑预设”命令，如图6-24所示。

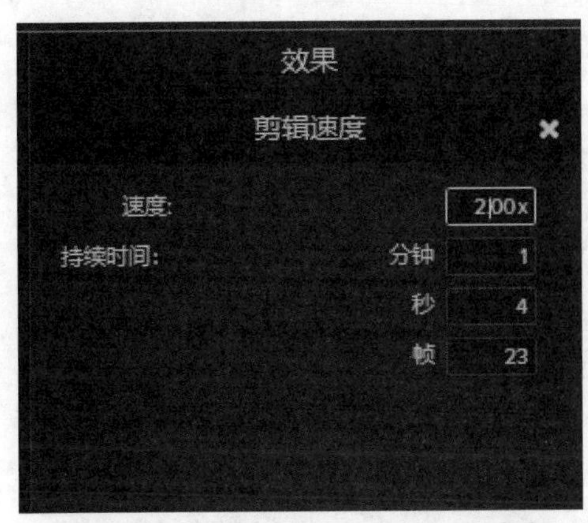

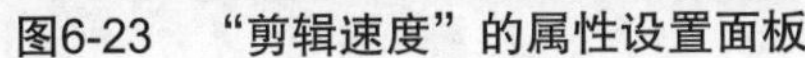
图6-23　“剪辑速度”的属性设置面板

图6-24　自定义生成设置界面

步骤 13　在弹出的“管理生成预设”对话框中，单击“新建”按钮，如图6-25所示。

图6-25　“管理生成预设”对话框

步骤 14　在弹出的“生成预设向导”对话框的“创建生成预设”界面中，设置输出视频的基本信息，包括预设名称、描述和文件格式，这里将预设名称设置为“01”，如图6-26所示。

步骤 15　单击“下一步”按钮，在“生成预设向导”的“Smart Player 选项”界面中，选择“控制器”选项卡，设置是否生成控制器，如图6-27所示。（注：如果选中“控制器生成”复选框，就会在窗口中看到播放器样式的控制器。如果取消选中“控制器生成”复选框，控制器就会消失。）

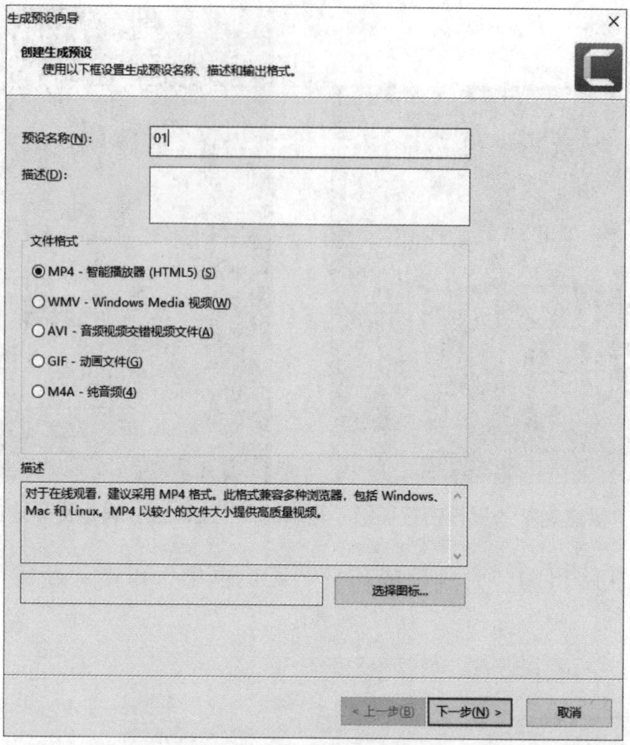

图6-26　创建“生成预设向导”对话框

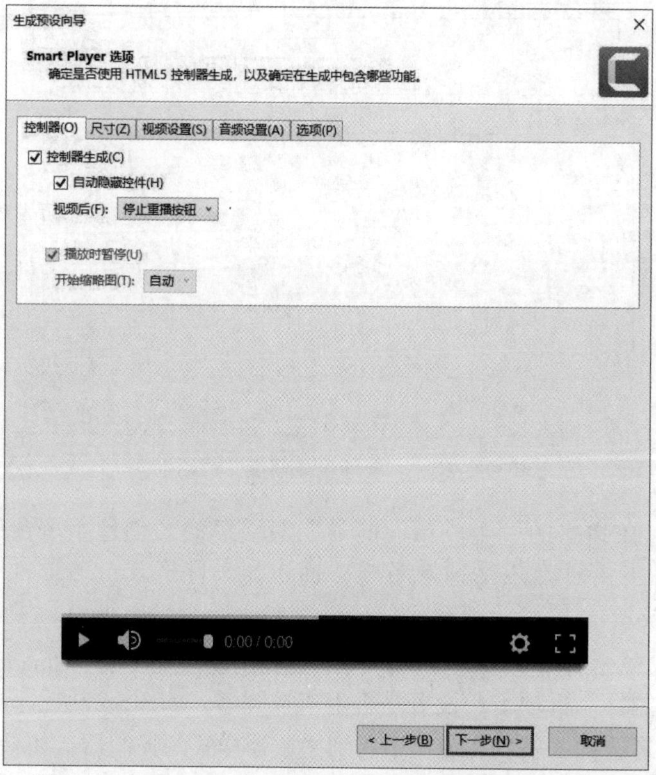

图6-27　“Smart Player 选项”控制器设置

步骤16　选择“尺寸”选项卡，设置视频的输出尺寸。同时要确定选中“使用编辑规格”复选框，如图6-28所示。

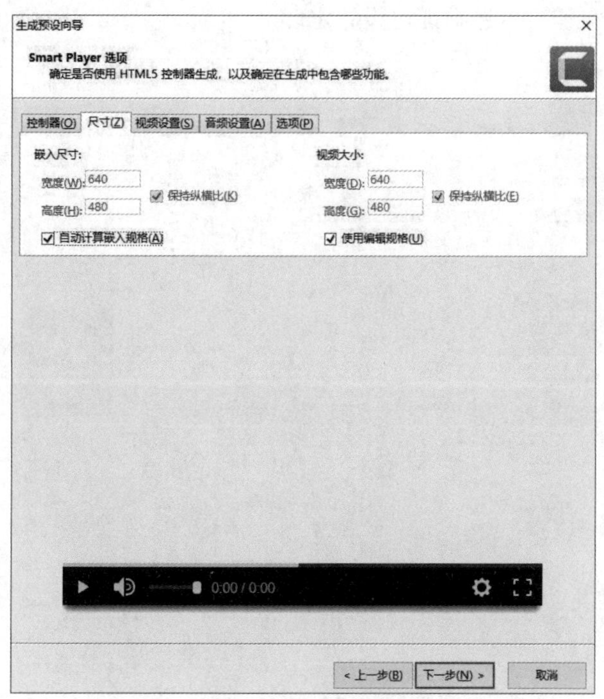

图6-28　“Smart Player 选项”尺寸设置

步骤17　选择“视频设置”选项卡，设置视频的参数，如图6-29所示。

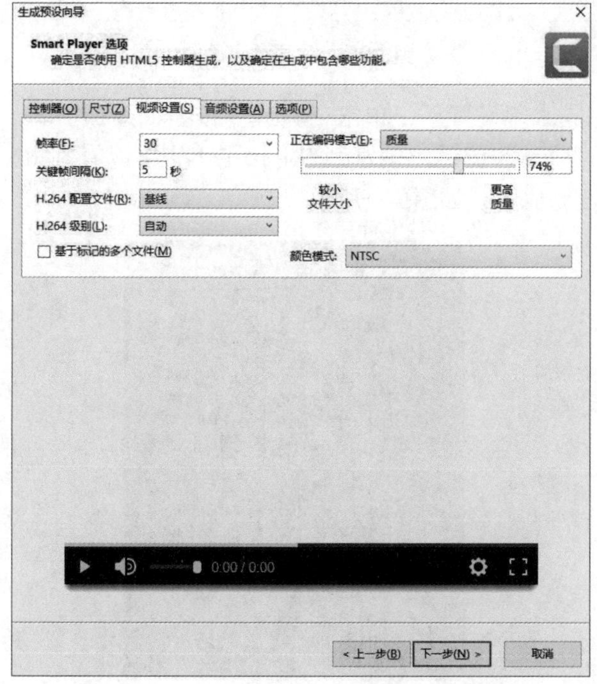

图6-29　“Smart Player 选项”视频设置

步骤 18 完成新格式的设置后，单击“下一步”按钮，打开“生成预设向导”的“视频选项”界面，在其中可以选择是否为视频添加水印，如图6-30所示。若要添加水印，选中“包含水印”复选框即可设置水印。

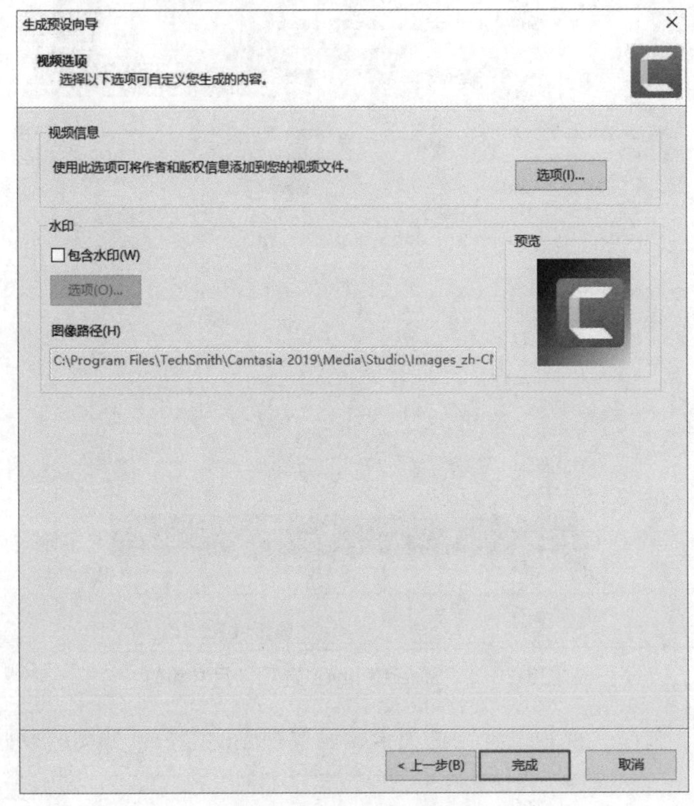

图6-30 视频水印设置

步骤 19 完成水印设置后，单击“完成”按钮，返回Camtasia Studio的工作界面，单击右上角的“分享”按钮，在弹出的下拉菜单中可以看到新完成的视频“01”。至此，视频的录制便完成了，如图6-31所示。

图6-31 视频录制完成

任务三　视频素材处理

任务导入

以 Premiere（简称 PR）非线性编辑软件为例，介绍分割视频素材、分离音视频、调整曲线、输出视频的方法。

任务实施

步骤 1　启动PR，进入工作界面，如图6-32所示。工作区可分为五大区域：项目区、工具箱、时间轴、节目窗口和效果控件面板。

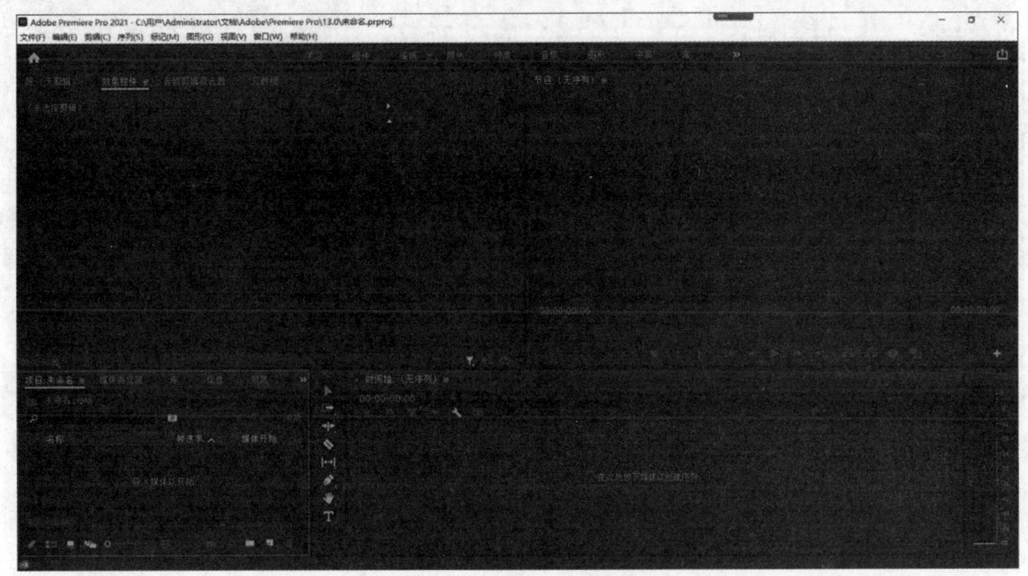

图6-32　PR软件工作界面

步骤 2　导入素材：在项目区中，双击空白处可导入图片、音频和视频等素材，如图6-33所示。

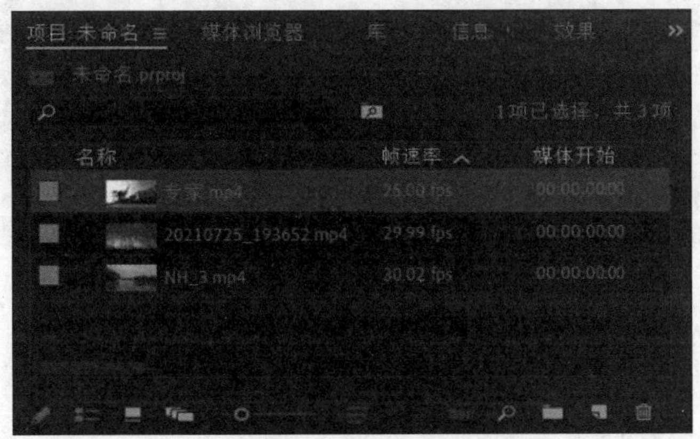

图6-33　素材导入

步骤 3 分割素材：将项目区中的素材拖拽至时间轴，自动新建一个序列，可以使用“剃刀工具”对序列上的素材进行分割，如图6-34所示。

图6-34 视频分割

分离音视频：选中序列上的对象并右击，在弹出的下拉菜单中选择“取消链接”命令，分离音视频，如图6-35所示。

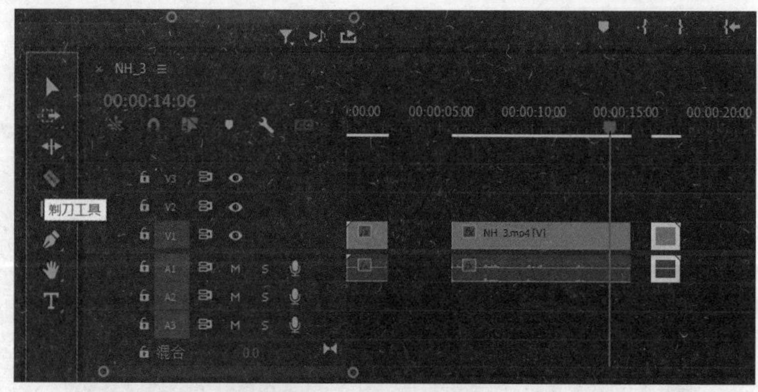

图6-35 分离音视频

删除音轨上的对象，从而剔除同期声，如图6-36所示。

步骤 4 调整曲线：选定对象，单击“效果”→“颜色校正”→“Lumetri颜色”特效，拟对选定的对象调整曲线，如图6-37所示。

图6-36　删除音频

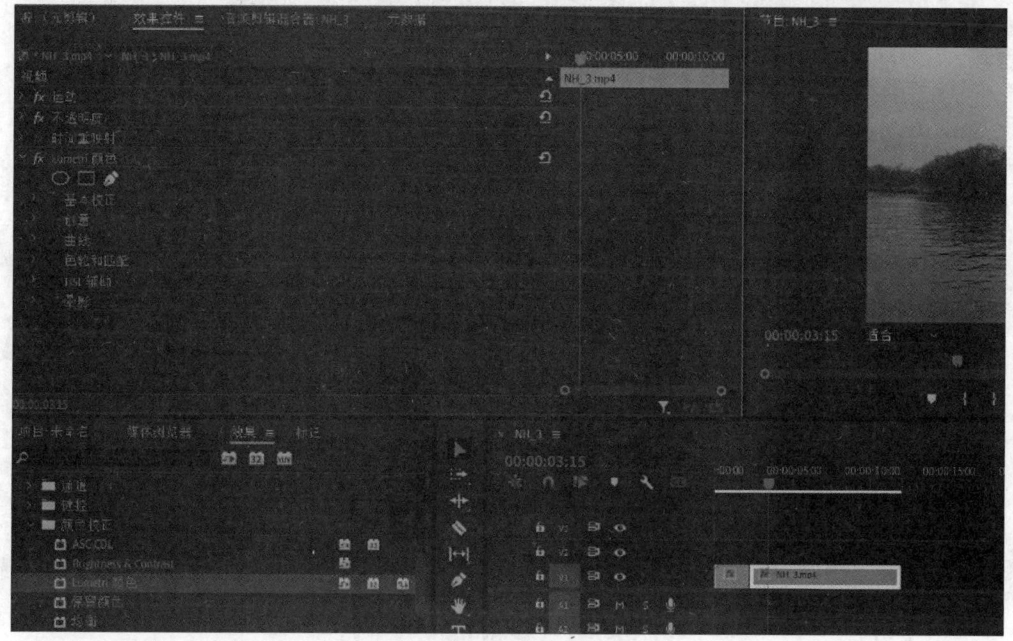

图 6-37　效果颜色特效设置（一）

步骤 5　效果颜色特效设置：在“效果”控件面板，调整“Lumetri颜色”→“基本校正”中的曝光和对比度，可见视频的画质有明显的改善，如图6-38所示。

图6-38 效果颜色特效设置（二）

步骤 6 视频输出：选中序列所在的面板，单击“文件”→导出→“媒体”菜单命令，可进行视频输出，如图6-39所示。

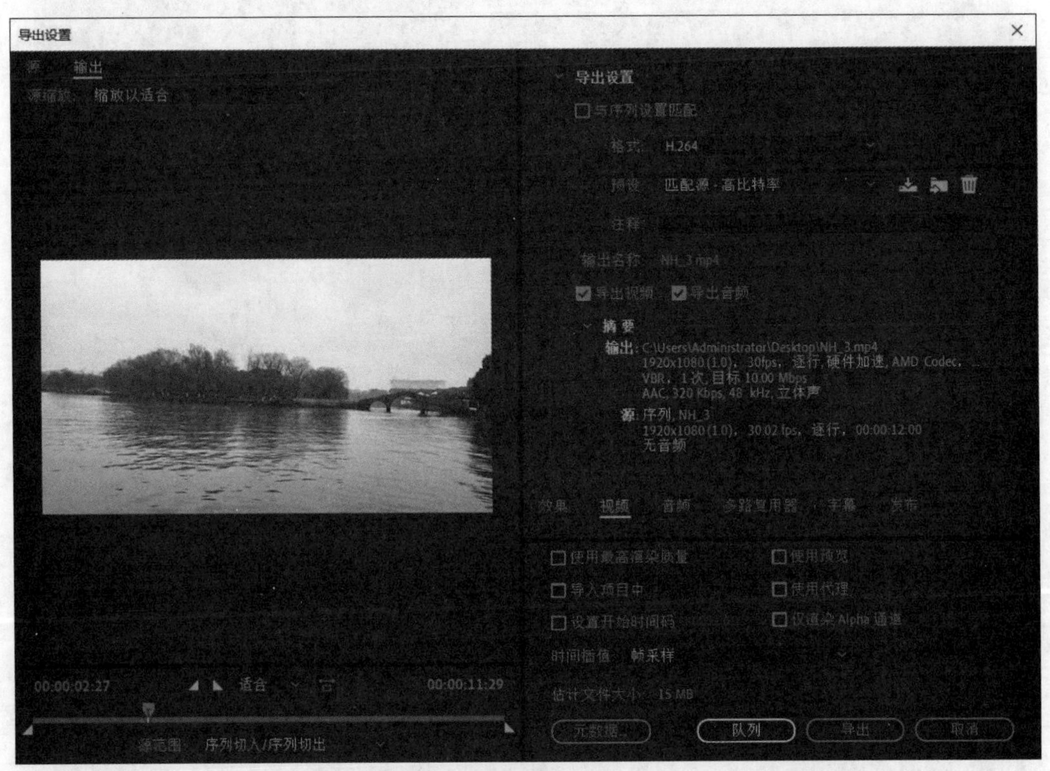

图6-39 视频输出（一）

在“导出设置”对话框中，可选定格式为H.264，这样输出的视频文件扩展名就是MP4，如图6-40所示。

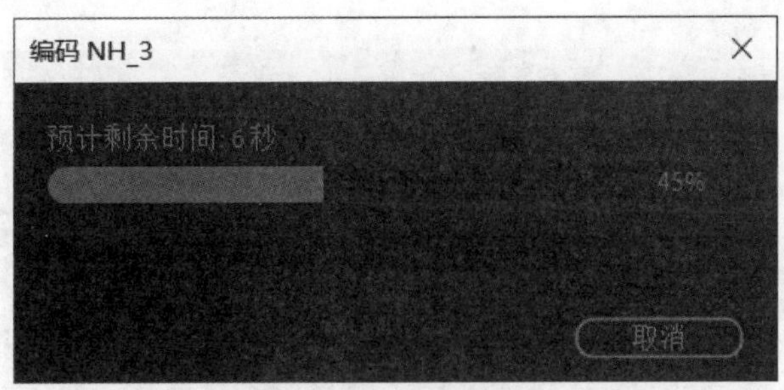

图6-40　视频输出（二）

任务四　制作片头片尾

任务导入

ProShow Producer 是一款能制作电子相册的软件，该软件内置许多强大的创作工具和快捷键，以及一些强大的功能特色，用户只需自己添加图片背景、音乐背景或者一些解说词，就能瞬间制作出专业的电子相册。

任务实施

步骤 1　运行ProShow程序，打开软件操作界面，打开新视频创建向导，单击“Create”按钮，如图6-41所示。

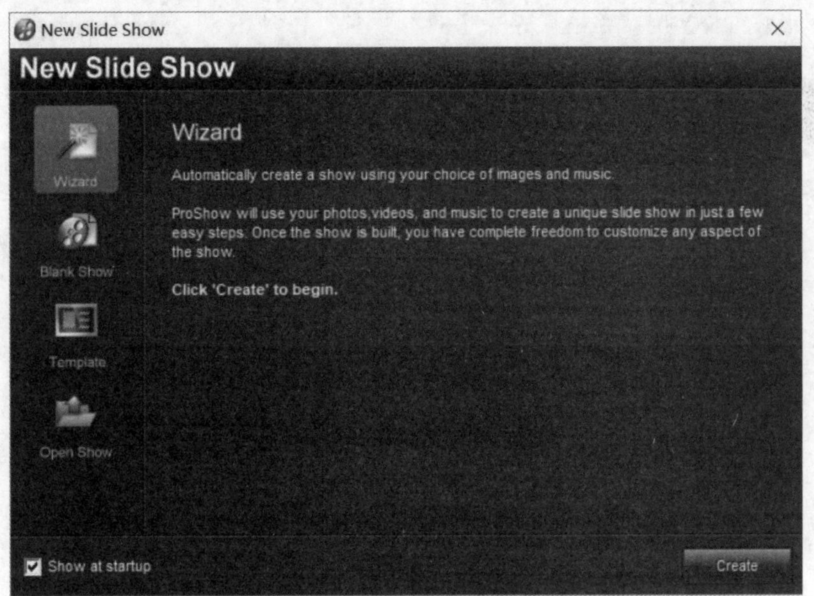

图6-41　新视频创建向导界面

步骤 2　添加图片和视频素材，单击“Next”按钮，如图6-42所示。

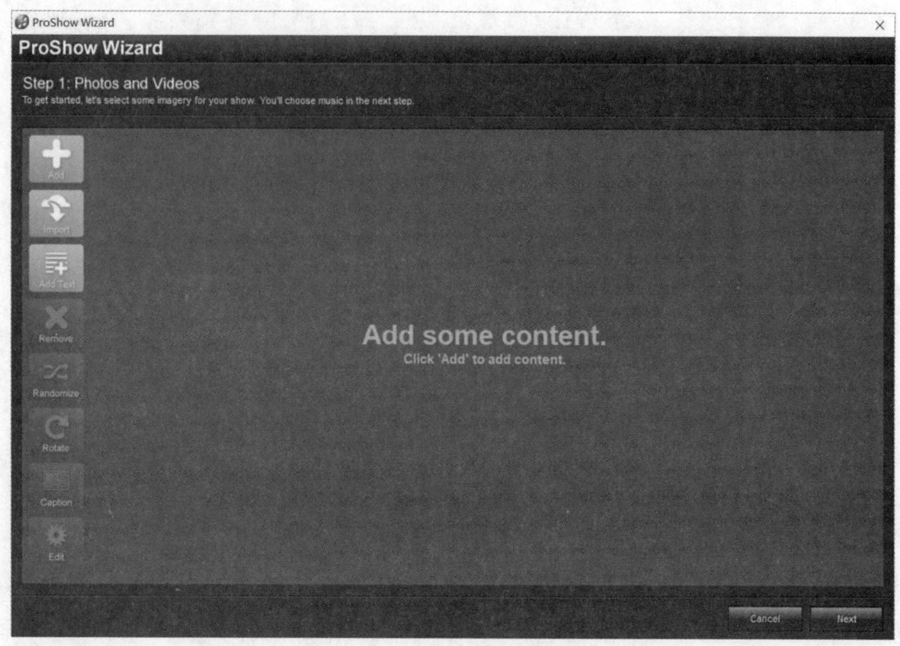

图6-42 添加图片及视频素材

步骤 3 调整图片和视频素材的顺序，单击“Next”按钮，如图6-43所示。

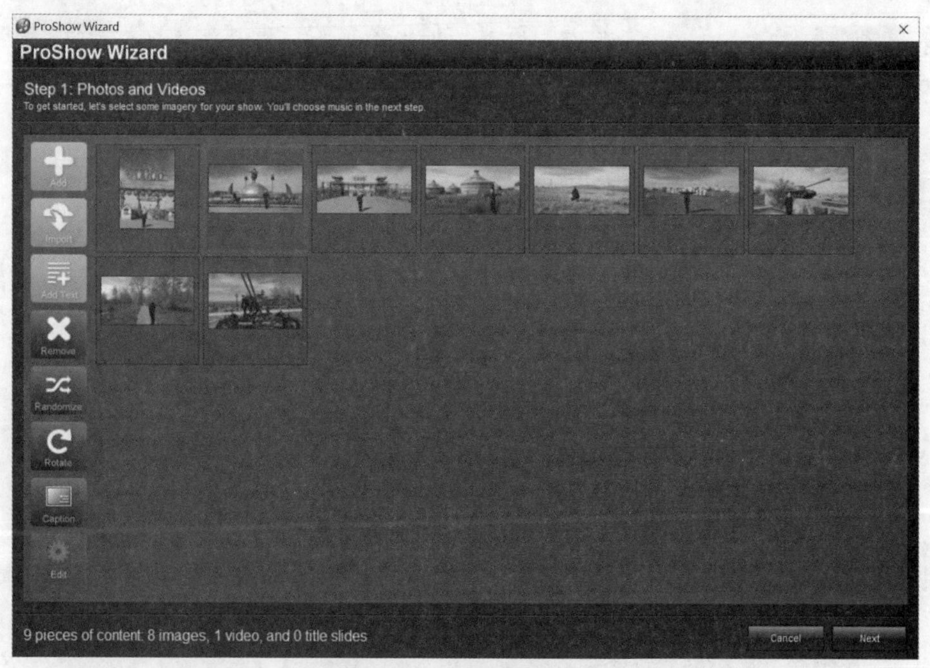

图6-43 调整图片顺序

步骤 4 添加音频素材作为背景音乐，单击“Next”按钮，如图6-44所示。

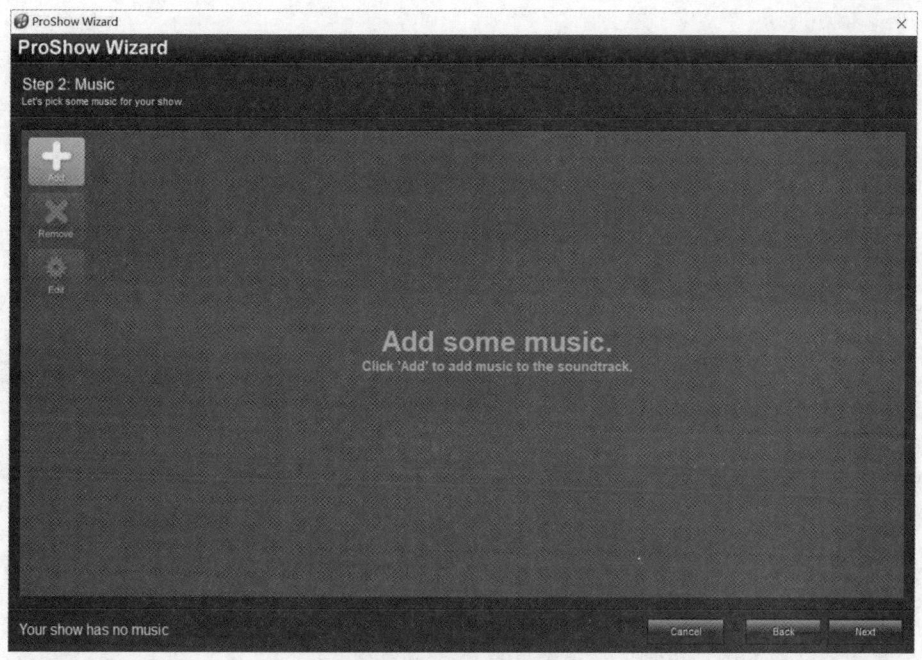

图6-44 添加音视频素材

步骤 5 选择动画、转场效果不同的主题模板，单击“Next”按钮，如图6-45所示。

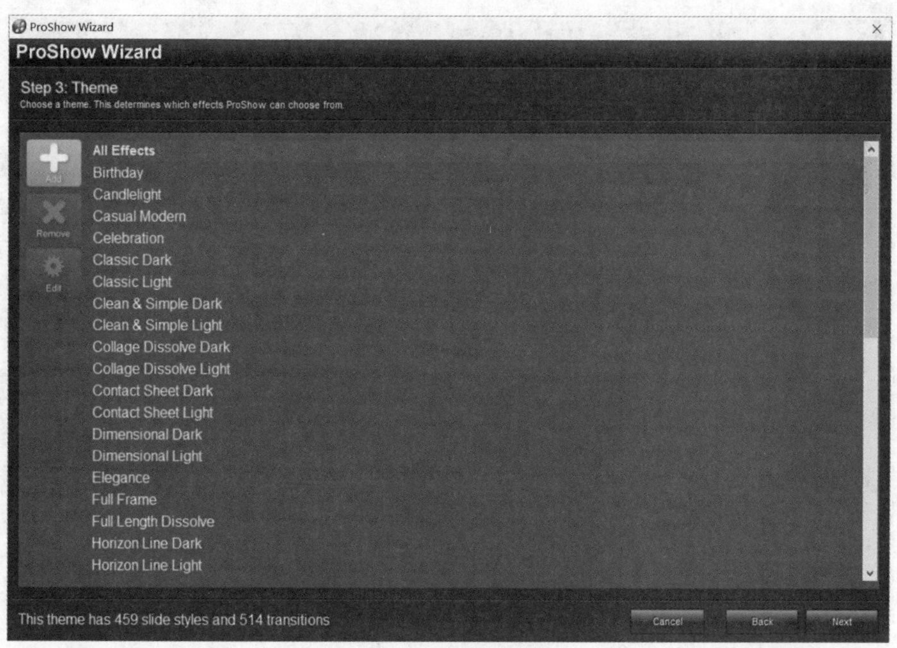

图6-45 选择主题模板

步骤 6 设置好输出的文件名、分辨率等参数，单击“Create”按钮，如图6-46所示。

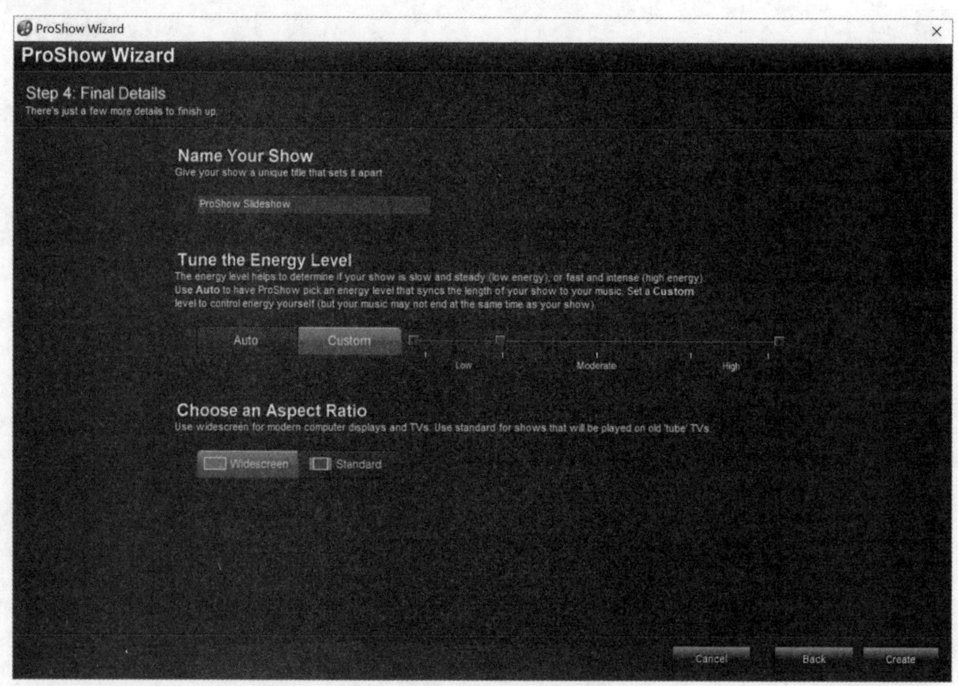

图6-46 设置文件参数

步骤 7 预览视频播放效果，单击“Next”按钮，如图6-47所示。

图6-47 预览播放效果

步骤 8 单击“Publish Your Show”按钮，准备进行视频的渲染，单击“Done”按钮，如图6-48所示。

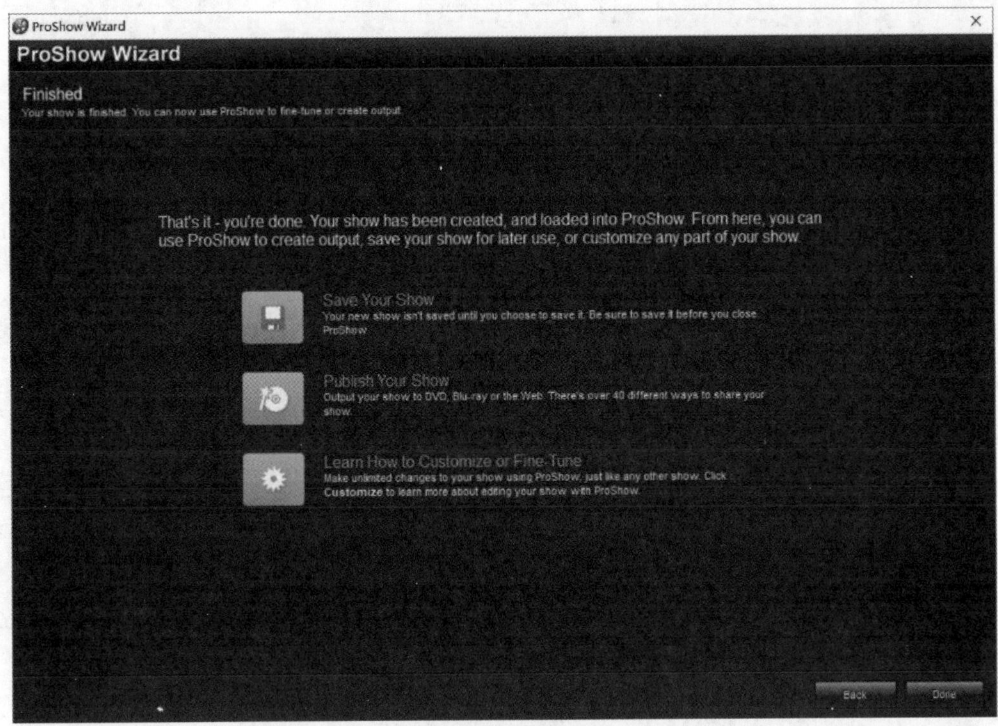

图6-48　视频渲染

步骤 9　在发布视频页面，选择“Create Video for Anywhere”选项，如图6-49所示。

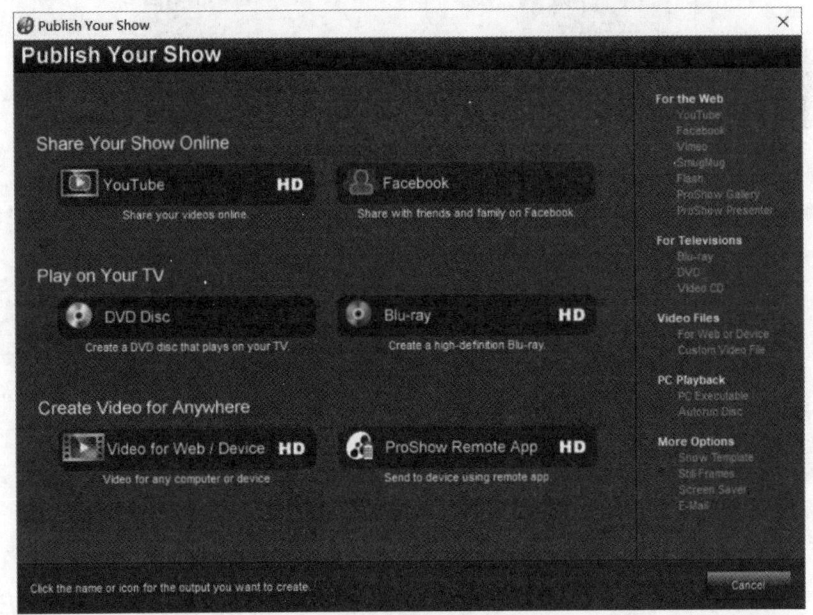

图6-49　视频发布

步骤 10　选择“H.264 720p”选项，单击“Create”按钮，如图6-50所示。

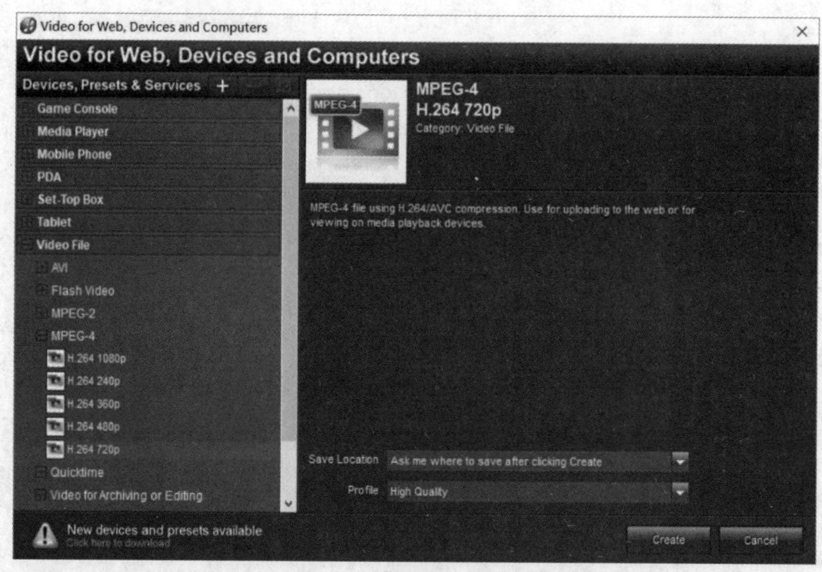

图6-50　设置视频分辨率

步骤 11　对视频进行渲染并输出MP4格式的视频文件，如图6-51所示。

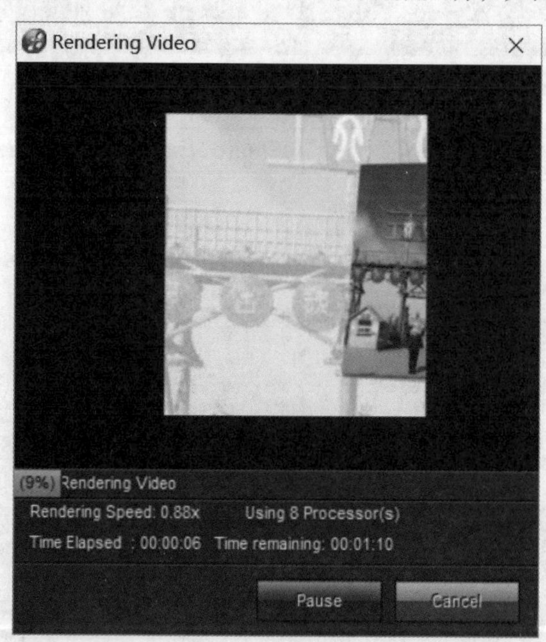

图6-51　视频输出格式设置

任务五　制作PPT 型微课

任务导入

将 PPT 教学课件录制成微课的方法很多，比如PPT+Camtasia 组合，从而可以方便地制作移动学习和在线学习资源。

任务实施

步骤 1　打开一个已制作好的PPT课件，再单击“加载项”选项卡，出现PPT录制功能图标，如图6-52所示。

图6-52　PPT录制启动界面

步骤 2　单击“录制”按钮，开始播放PPT并进入待录制状态，如图6-53所示。

图6-53　PPT录制界面（一）

步骤 3　单击“单击开始录制”按钮，PPT边播放边录制，期间可自动添加语音旁白。按【Esc】键可暂停或停止录制，如图6-54所示。

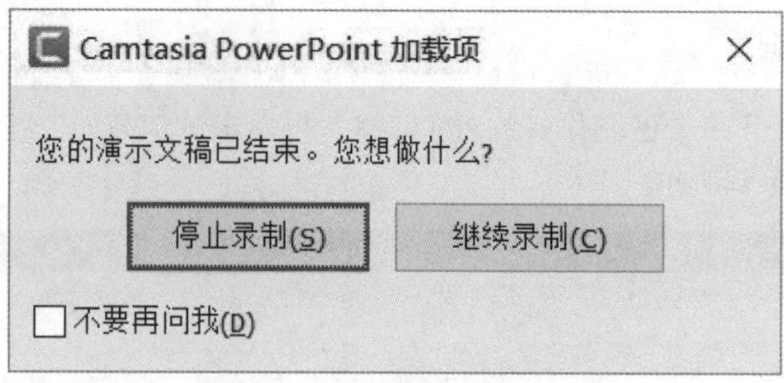

图6-54　PPT录制界面（二）

步骤 4　进入录像的生成或编辑状态，建议选中“编辑您的录制”单选按钮，如图6-55所示，单击“确定”按钮。

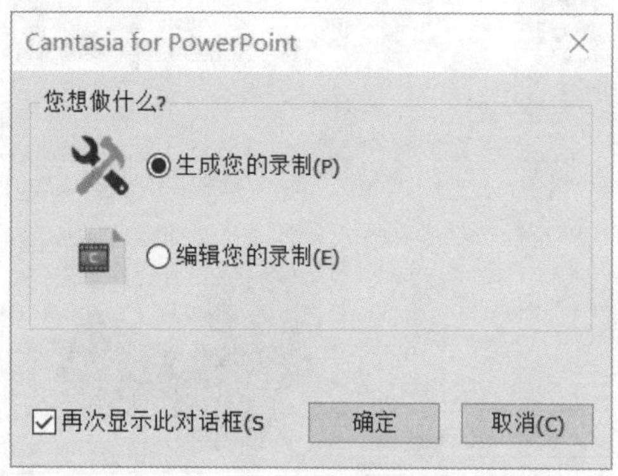

图6-55　录像生成设置

步骤 5　系统自动打开并进入Camtasia主程序，如图6-56所示。

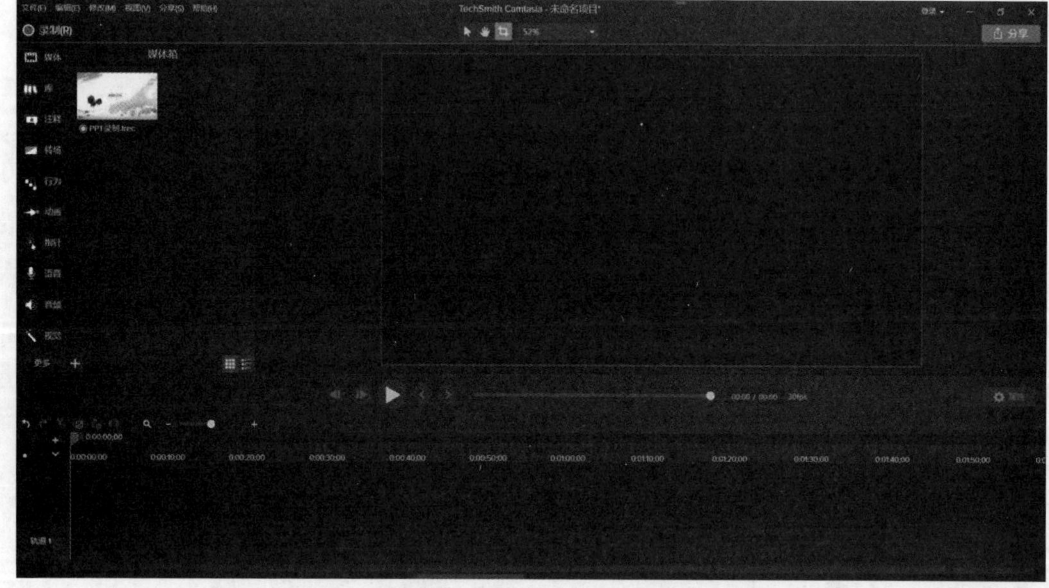

图6-56　Camtasia 主程序界面

步骤 6　将媒体箱中的对象拖拽至时间轴的轨道，准备视频输出，如图6-57所示。

图6-57　媒体对象的拖拽

步骤 7　单击右上角“分享”按钮，进入“生成向导”环节，如图6-58所示。

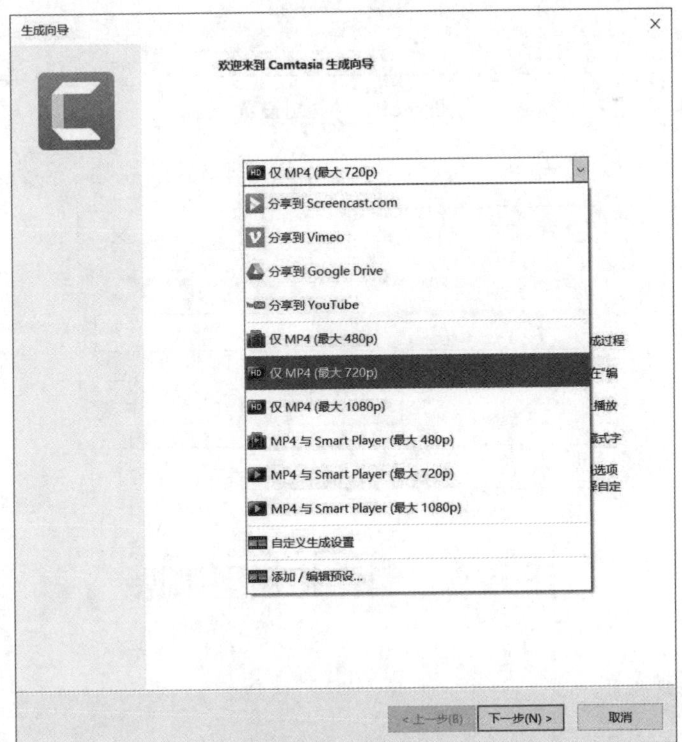

图6-58　生成向导设置

步骤8 选定一个导出的视频文件格式，如MP4（最大720p），再设定文件生成的路径、文件名，单击“完成”按钮进到下一步，如图6-59所示。

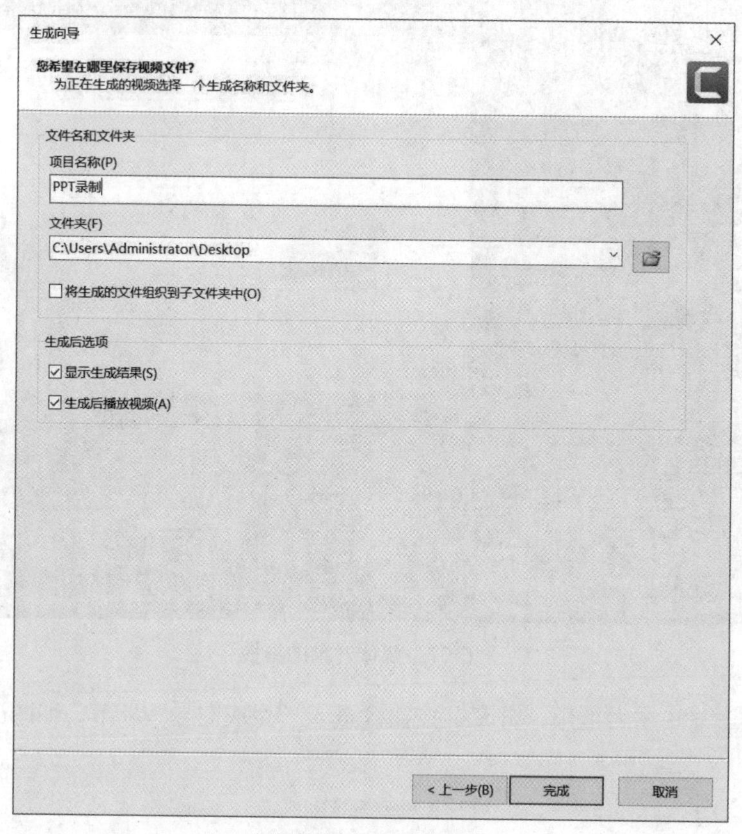

图6-59 件导出设置

步骤9 进入渲染输出，可将影片导出成MP4格式的视频文件，如图6-60所示。

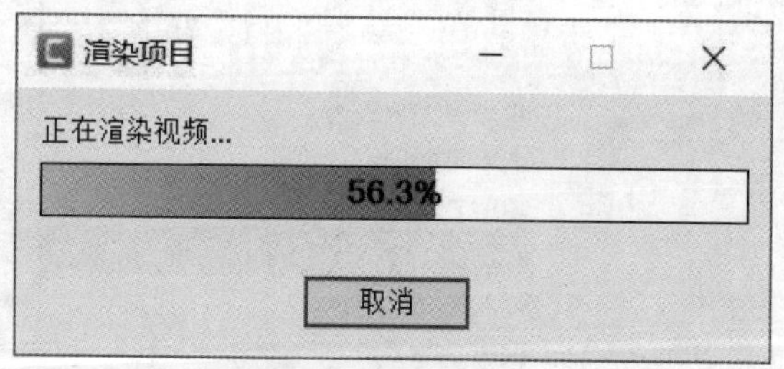

图6-60 视频渲染界面

任务六 制作拍摄型微课

任务导入

Camtasia 是一款非线性编辑及录制屏幕动作的专用软件，对图片、音视频的处理功能十分强大且操作简便，是制作视频资源的绝佳工具。

任务实施

步骤 1　双击“Camtasia”图标，打开软件操作界面，如图6-61所示。

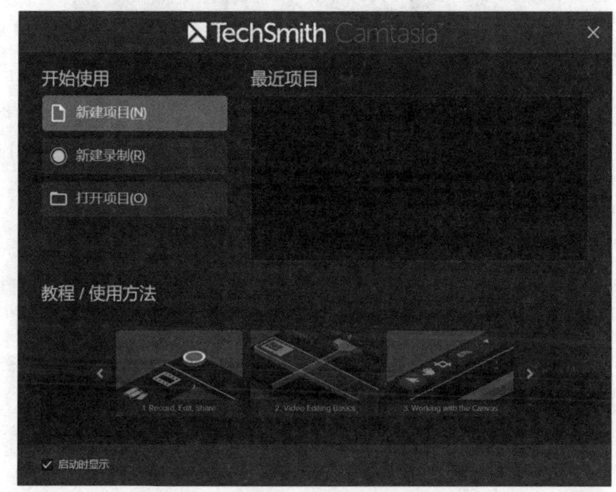

图6-61　启动Camtasia软件界面

步骤 2　左侧是功能按钮区域，右侧是属性设置区域，中间为编辑画布区域，下方为时间轴（轨道）区域，如图6-62所示。

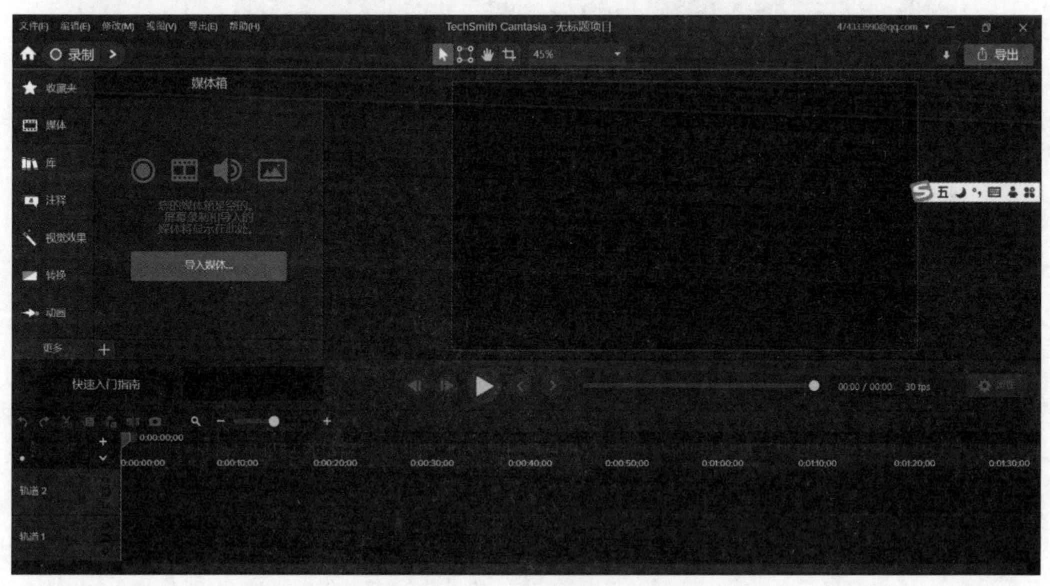

图6-62　Camtasia软件工作区

步骤 3　右击“媒体箱”的空白处，在弹出的下拉菜单中选择“导入媒体”命令，可将图片、音视频导入当前，如图6-63所示。

步骤 4　将音频素材拖拽至轨道1，图片和视频素材拖拽至轨道2，并按顺序排列好，如图6-64所示。

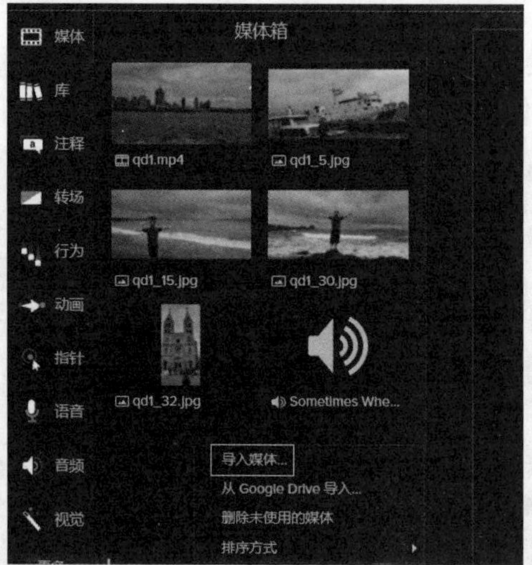

图6-63 导入媒体设置

图6-64 音视频素材移动及排序

任务七 制作屏幕录制型微课

任务导入

基于计算机操作的教学资源大多采用屏幕录制，Camtasia Recorder、oCam 等都是常见的屏幕录像软件。

任务实施

步骤 1　运行“Camtasia Recorder”程序，打开屏幕录像机。设置好录制区域，再设定好录制输入的音量。单击“rec”按钮开始屏幕操作录制，如图6-65所示。

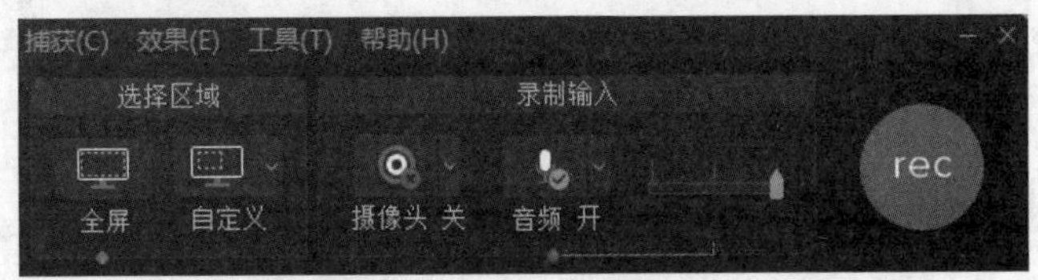

图6-65　启动屏幕录制

步骤 2　按【F9】功能键暂停录制，再按一次恢复录制，如图6-66所示。

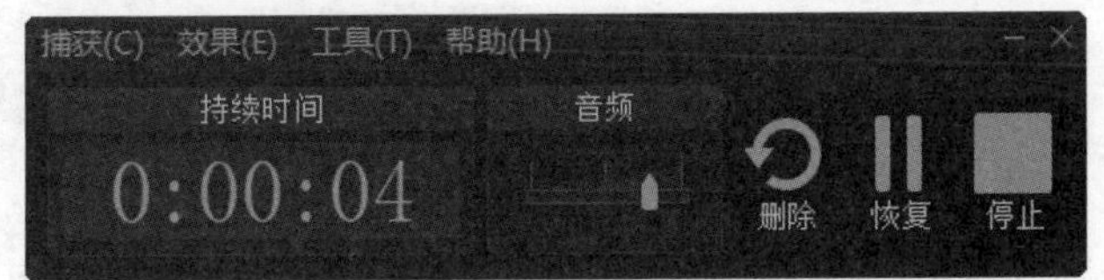

图6-66　恢复录制设置

步骤 3　按【F10】功能键停止录制并自动启动Camtasia主程序，进入屏幕录制视频的编辑状态，如图6-67所示。

图6-67　屏幕录制视频编辑界面

步骤 4　单击Camtasia功能面板上的“指针”标签，可在视频上增加一个动态的鼠标移动指示，如图6-68所示。

步骤 5　单击Camtasia功能面板上的“动画”标签，可对录制的视频画面进行放大或缩小操作，如图6-69所示。

步骤 6　单击右上角“分享” 按钮，进入“生成向导”对话框，单击“下一步”按钮完成设置，如图6-70所示。

图6-68 添加指针

图6-69 视频画面动画设置

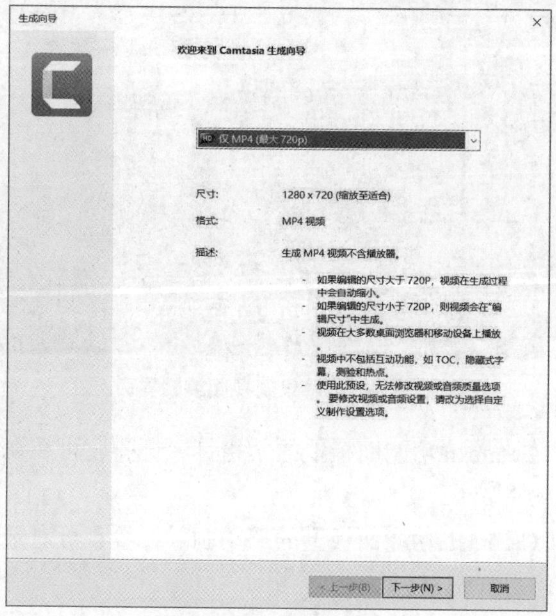

图6-70 生成视频

任务八　制作手绘型微课

任务导入

VideoScribe 是一款类似于绘画板的软件，使用简单，操作灵活，具有强大的模块库，可输入中英文，添加背景音乐、语音旁白等，是手绘动画中的产品。

任务实施

步骤 1　VideoScribe软件的启动界面，单击“+”号可创建一个新的视频文件，如图6-71和图6-72所示。

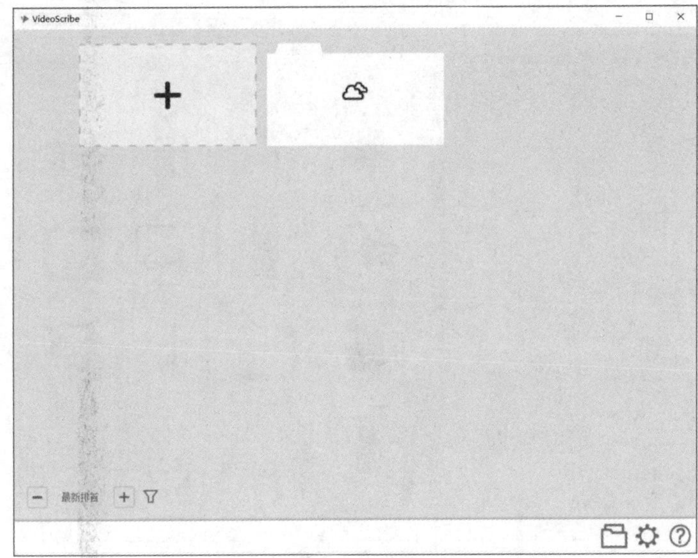

图6-71　VideoScribe 软件启动界面

图6-72　创建新视频

步骤 2 单击“添加新图片”按钮，打开相应的对话框，在搜索框中输入一个关键字，如TV，可添加一个图片对象到当前画布，如图6-73和图6-74所示。

图6-73　添加图片对话框

图6-74　添加图片到画布

步骤 3　设置好对象的动画绘制时间，再单击“设置镜头位置”按钮，完成第1帧动画设置，如图6-75所示。

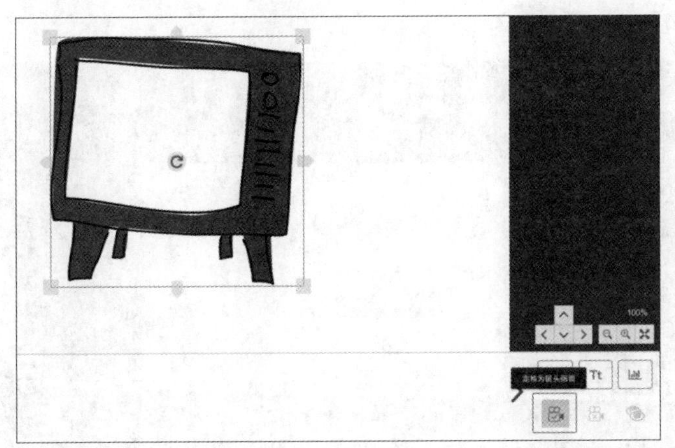

图6-75　图片动画设置（一）

步骤 4　继续添加图像，再单击“改变该对象的属性”按钮，可设置对象的动画时间和暂停时间。单击“设置镜头位置”按钮，完成第 2 帧动画设置，如图6-76所示。

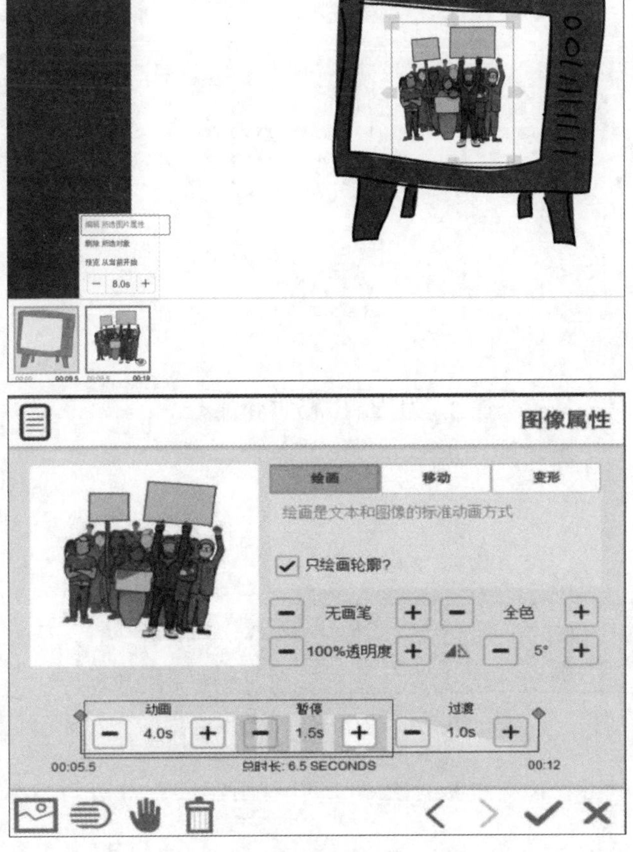

图6-76　图片动画设置（一）

步骤5 将上一帧对象移至左侧，添加新的图像对象并固定镜头位置。单击“添加文本”按钮，输入文本并设置好字体、颜色等属性并固定镜头位置，得到第3、4帧，如图6-77所示。

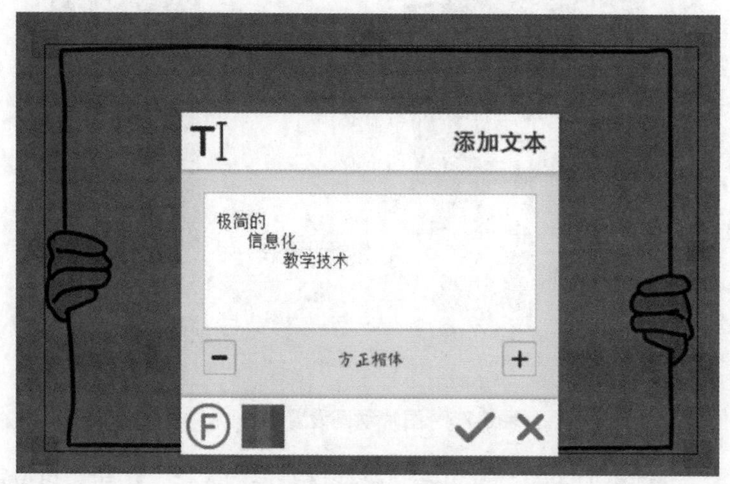

图6-77 图像动画设置（三）

步骤6 将上一帧对象移至下方，添加新的图像对象并固定镜头位置。单击“添加文本”按钮，输入文本并设置好字体、颜色等属性并固定镜头位置，得到第5、6帧，如图6-78所示。

图6-78 图像动画设置（三）

步骤7 单击“预览播放”按钮，可对制作的影片进行效果预览，如图6-79所示。

图6-79　图像预览播放

步骤 8　单击“发布视频”→“设置背景”按钮，可创建一个视频文件，如图6-80所示。

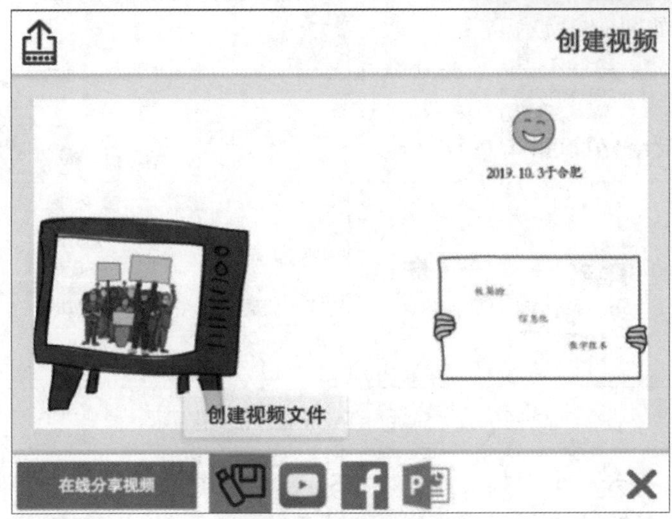

图6-80　渲染发布视频

步骤 9　单击“创建视频文件”按钮，打开相应的对话框，设置好视频文件的格式、分辨率、帧频率及位置后，完成视频文件的导出，如图6-81所示。

图6-81　视频文件导出

任务九　认识动图——ScreenToGif

任务导入

ScreenToGif 是一款小而实用的屏幕录制生成 gif 动态图片（以下简称“动图”）工具，仅包括一个主程序文件。

任务实施

步骤 1　启动ScreenToGif程序，打开相应的操作界面，单击“录像机”按钮，执行录制功能，如图6-82所示。

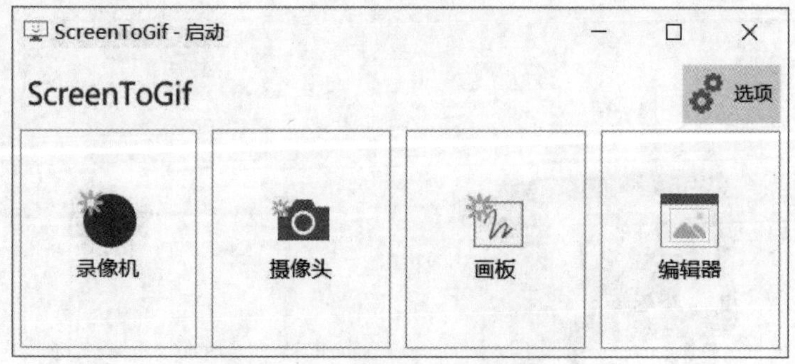

图6-82　ScreenToGif 程序启动界面

步骤 2　打开一个视频文件，再将ScreenToGif录制窗口对准视频画面，单击“录制”按钮开始录制，单击“停止”按钮结束录制，如图6-83所示。

图6-83 录制视频

步骤 3 单击“另存为”按钮，在弹出的对话框中单击文件类型中的“Gif”按钮，设定好文件保存的位置，单击“保存”按钮，即可生成Gif动图，如图6-84所示。

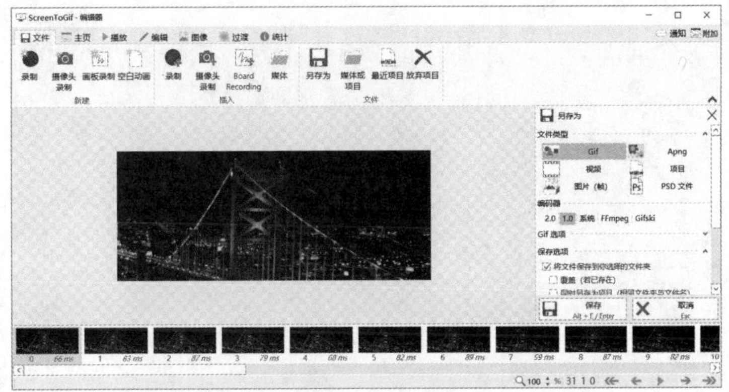

图6-84 保存视频

步骤 4 最终在编码器中完成Gif动图制作，如图6-85所示。

图6-85 生成动图

任务十　认识DevalVR Player

任务导入

DevalVR Player 是当前最常用的全景图播放器，轻巧实用，与 RICOH THETA（理光景达）360° 全景相机配合，可呈现图片的 3D 全景漫游效果。

任务实施

步骤 1　运行DevalVR Player程序，打开软件操作界面，如图6-86所示。

图6-86　DevalVR Player操作界面

步骤 2　单击“打开文件”按钮，打开一幅用全景相机拍摄的图片，如图6-87所示。

图6-87　打开素材图片

步骤 3　单击左下方的菜单，再单击“持续旋转”按钮，可实现自动巡航，如图6-88所示。

图6-88　自动巡航设置

步骤 4　360°全景漫游定格的图片如图6-89所示。

图6-89　全景漫游定格图片

任务十一　了解虚拟现实

任务导入

虚拟现实（virtual reality，VR），就是虚拟和现实相互结合。从理论上来讲，虚拟现实技术是一种可以创建和体验虚拟世界的计算机仿真系统，它利用计算机生成一种模拟环境，使用户沉浸到该环境中。

任务实施

步骤1 智能时代，人机交互方式产生了新的变化，主要表现在以下两方面：

（1）人机交互方式：单向信息传播到双向互动沟通。

（2）人机交互内容：从信息到环境，如图6-90所示。

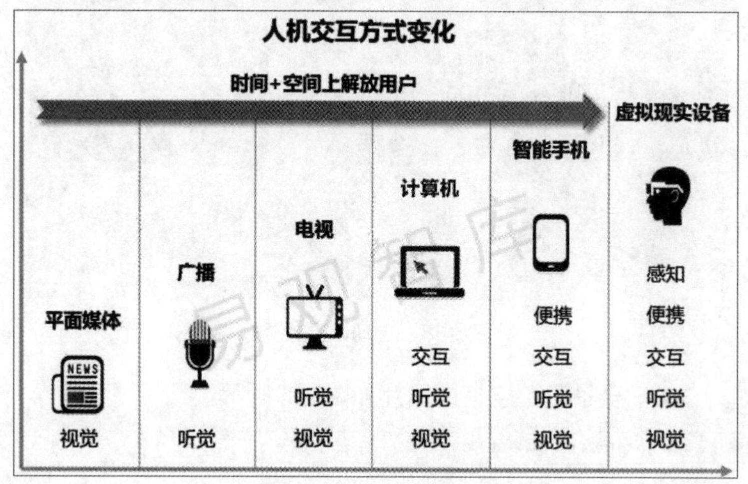

图6-90 人机交互表现

步骤2 VR最大的特点是利用计算机模拟产生一个虚拟的三维世界，提供使用者关于视觉、听觉、触觉等感官的模拟，让使用者如同身临其境一般。在VR中，使用者交互的是虚拟世界的东西，与真实世界完全隔绝，如图6-91所示。

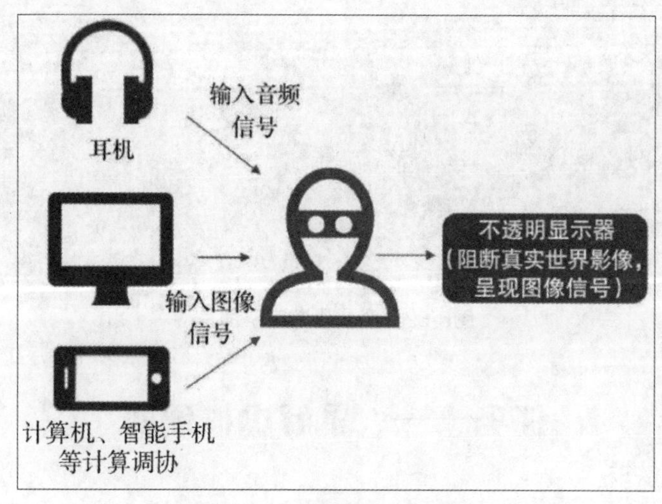

图6-91 VR使用者交互原理

步骤3 VR具有三大属性，如图6-92～图6-94所示。

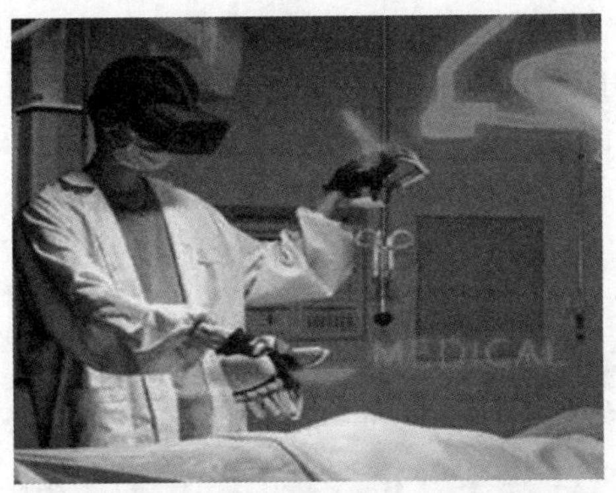

图6-92　沉浸感（Immersion）

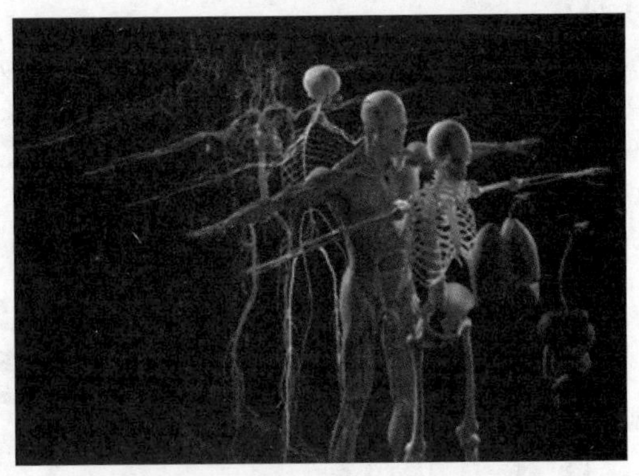

图6-93　构想性（Imagination）

图6-94　交互性（Interactivity）

步骤 4　以教育教学领域为例，虚拟现实技术与学科的有效整合，大大突破了教学重 难点，解决了教师教和学生学的痛点和疑惑。如图6-95～图6-97所示。

图6-95　现实生活中看不到的

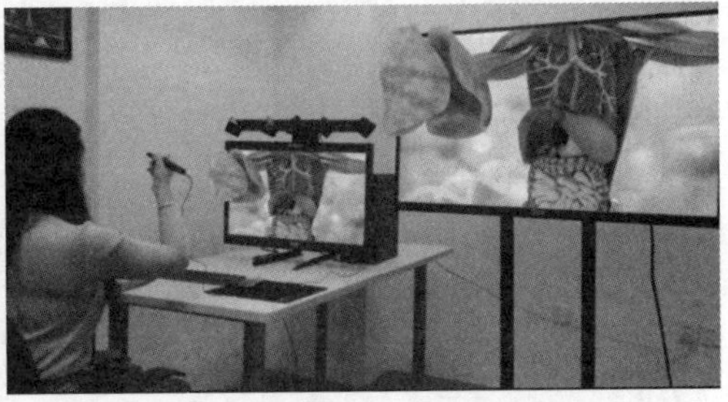

图6-96　现实中无法重复试验的

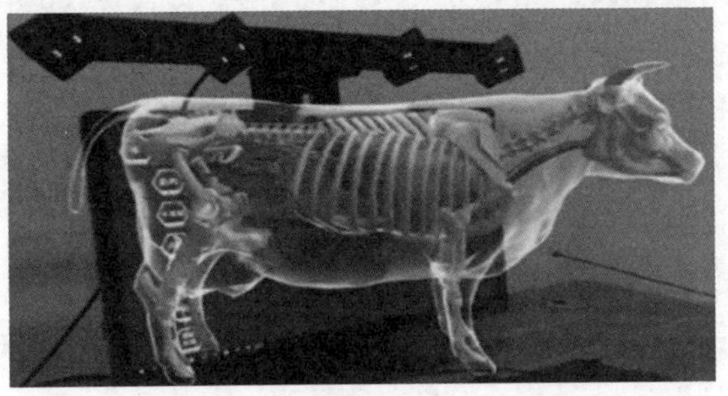

图6-97　不可重复的高成本试验

步骤5 体验Mozaik 3D。这款VR App涵盖了历史、数学、物理、化学、生物以及地理等学科，让学习变成奇妙探险。Mozaik 3D支持多国语言，而且里面有1 200多个的3D场景，可进行互动趣味练习，如图6-98和图6-99所示。

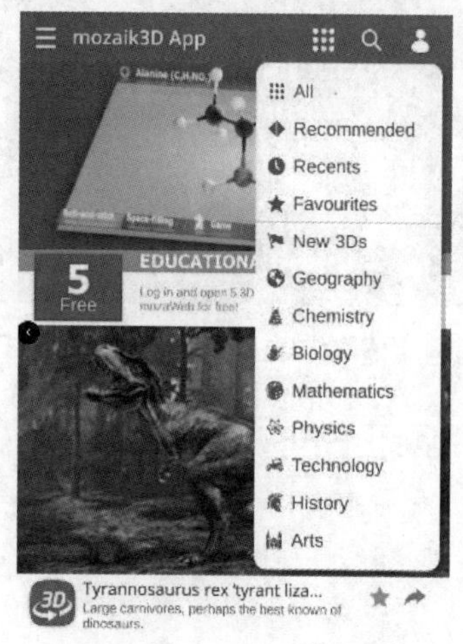

图6-98 Mozaik 3D App

图6-99 Mozaik 3D App场景

任务十二 了解增强现实

任务导入

增强现实（Augmented Reality，AR），是一种实时地计算摄影机影像的位置及角度并加上相应图像的技术，是一种将真实世界信息和虚拟世界信息“无缝”集成的新技术，这种技术的目标是在屏幕上把虚拟世界呈现在现实世界并进行互动。

任务实施

步骤1 AR技术原理：

（1）场景分析——用摄像机拍摄现实场景并分析场景。

（2）图像匹配——通过计算机视觉技术识别标记，实时记录它的位置和方向，触发本地或云端对应AR内容。

AR融合——AR浏览器融合现实场景和虚拟内容，如图6-100所示。

步骤2 AR通过计算机图形学和视觉技术，将虚拟的信息应用到真实世界，使得真实的环境和虚拟的物体实时叠加到同一个画面或空间，如图6-101所示。

步骤3 AR系统具有三个突出的特点：

（1）真实世界和虚拟世界的信息集成；

（2）具有实时交互性；

（3）在三维尺度空间中增添定位虚拟物体。注：使用手机QQ扫一扫图6-102的图片，你会有怎样的发现？

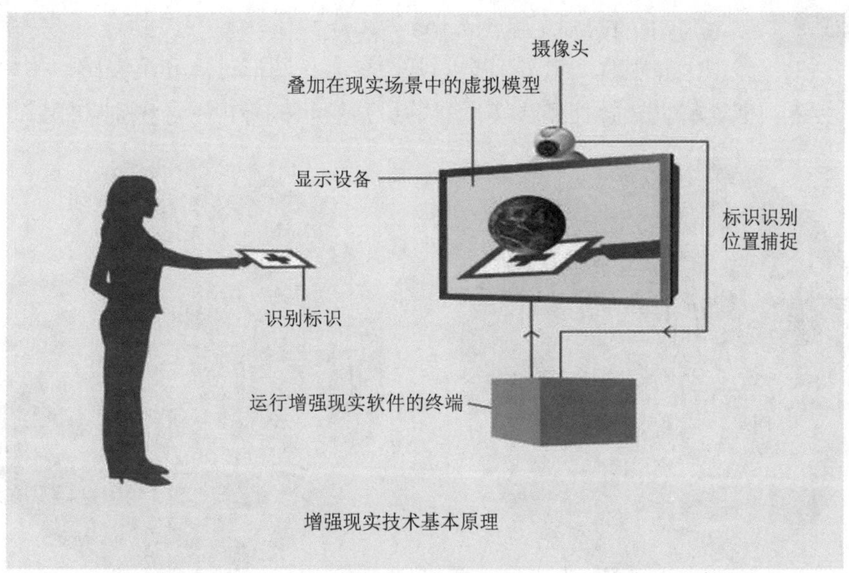

图6-100　AR 技术原理

图6-101　AR 技术原理

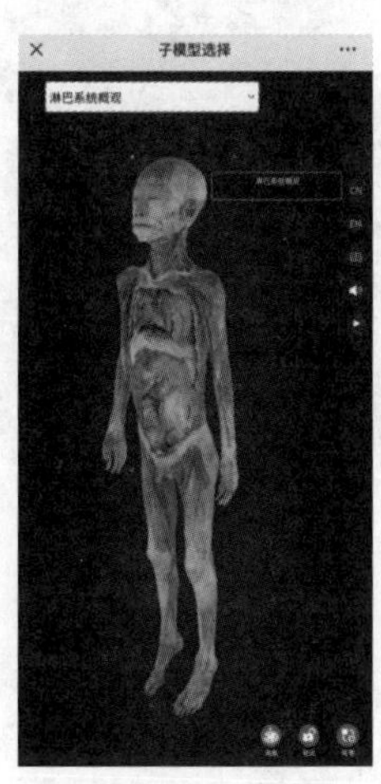

图6-102　AR 系统特点

步骤 4　VR与AR的区别（见图6-103）：

（1）VR：虚拟世界跟真实世界完全隔开。核心：图形计算和沉浸感。

（2）AR：把虚拟世界叠加到真实世界的最顶层。核心：图像识别和跟踪。

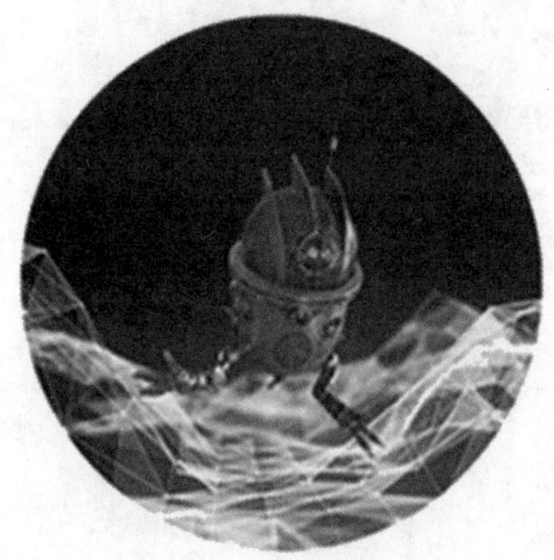

（a）虚拟现实

（b）增强现实

图6-103　VR 与 AR 的区别

步骤 5　手持AR使用体验：通过智能设备（iPad、iPhone、安卓 Pad、安卓手机等）扫描识别图或物体，将真实物体和虚拟物体与用户环境结合起来，实现实时交互，真正的虚实无缝结合，如图6-104所示。

图6-104　手持 AR体验

项目七 直播投屏

投屏就是将手机或平板上的照片、视频、应用、游戏无线投射到电视屏幕，可体验到更为畅爽的视觉感受。直播投屏相当于将手机上的直播内容投屏至计算机或电视上观看。

任务一　认识群课堂

任务导入

“群课堂”是腾讯QQ 在2020年初新增的一项功能，主要适合做一对多的直播式的大班教学，支持老师在QQ 群进行视频或者语音直播。在“群课堂”的PC端，老师还可以播放影片、分享屏幕以及演示 PPT 等。

任务实施

步骤 1　打开腾讯QQ，进入一个群，再单击右上方的“群课堂”按钮，启动“群课堂”直播，如图7-1所示。

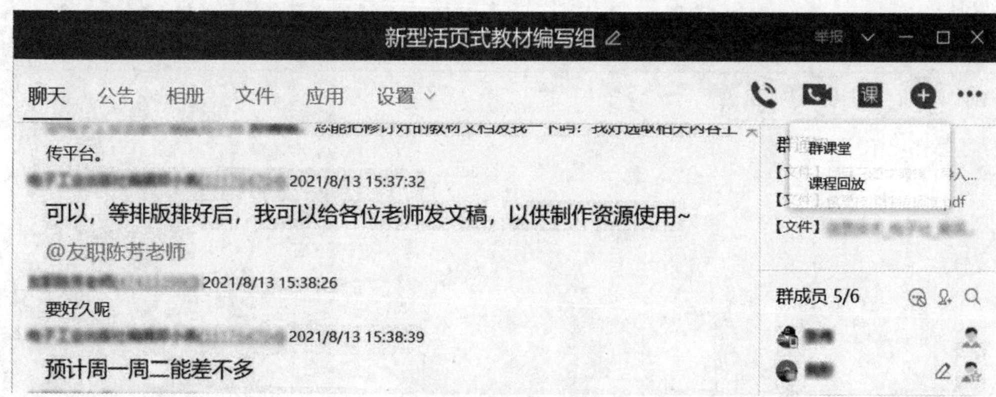

图7-1　启动群课堂

当“录制课程”项被选定后，可对线上授课内容进行回放，如图7-2所示。

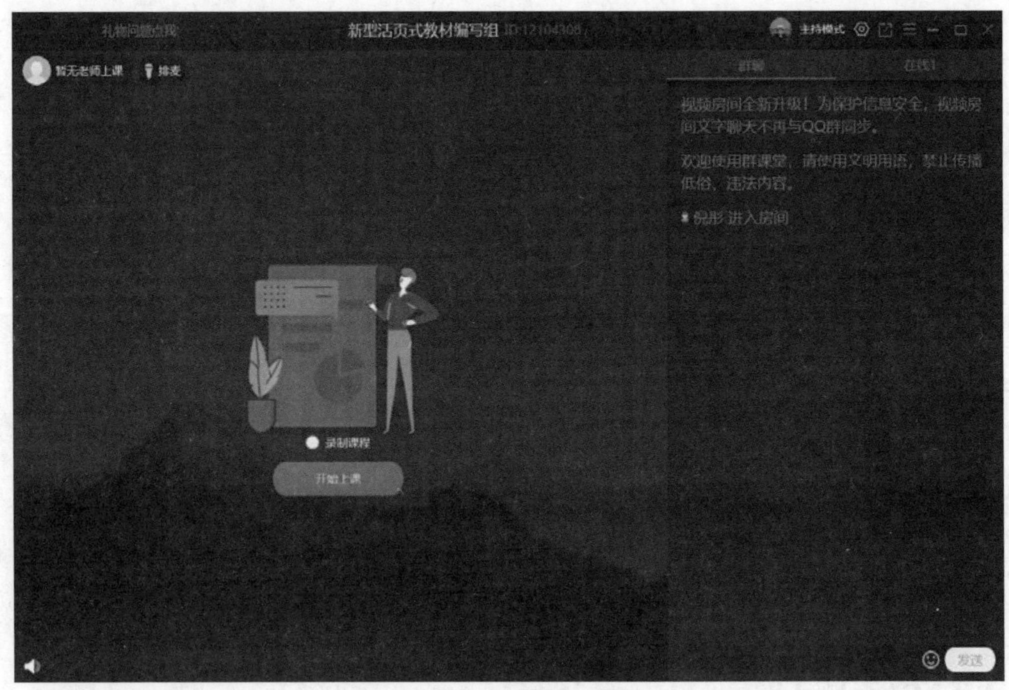

图7-2　录制课程界面

步骤 2　单击“开始上课”按钮，出现如图7-3所示画面。

图7-3　上课界面

单击下方的“分享”按钮，出现“播放影片”、“分享屏幕”和“演示PPT”三个功能选项，如图7-4所示。

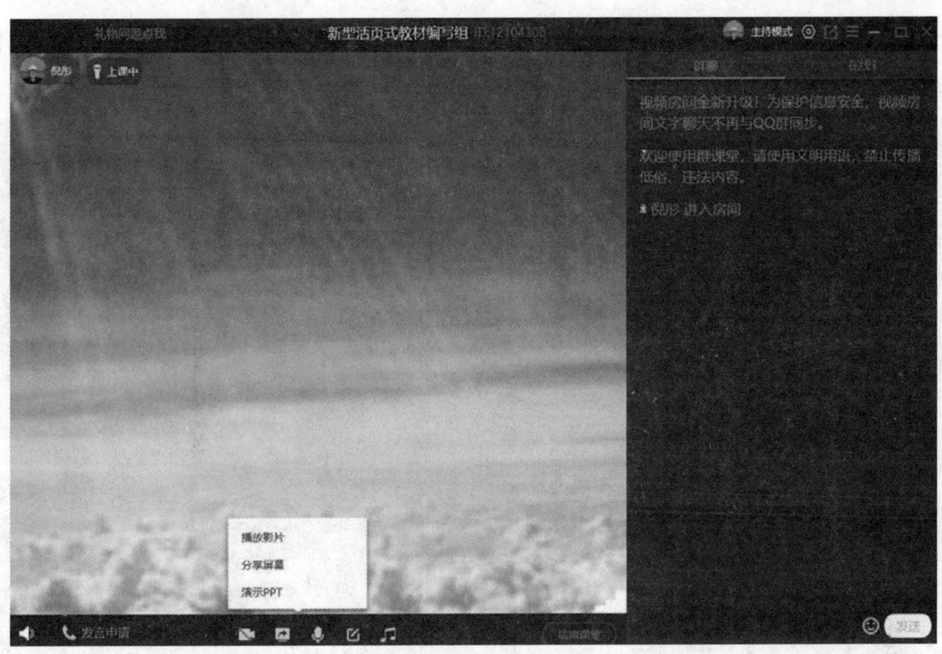

图7-4　课程分享界面

步骤 3　单击“分享屏幕”选项，进入分享模式的选择，此处可选择分享窗或分享区域。单击“分享区域”选项，进入划定的屏幕区域实时分享状态，如图7-5所示。

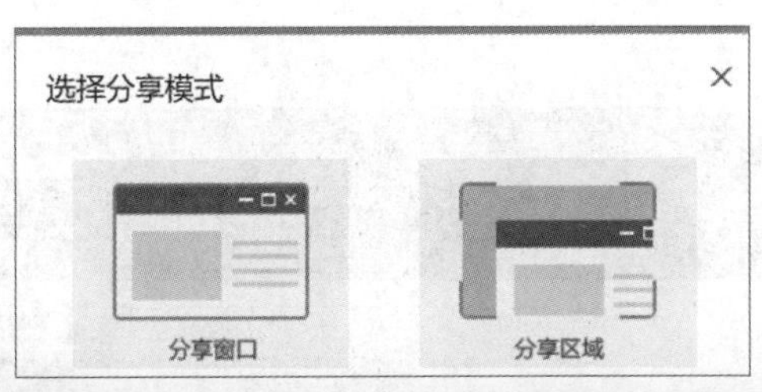

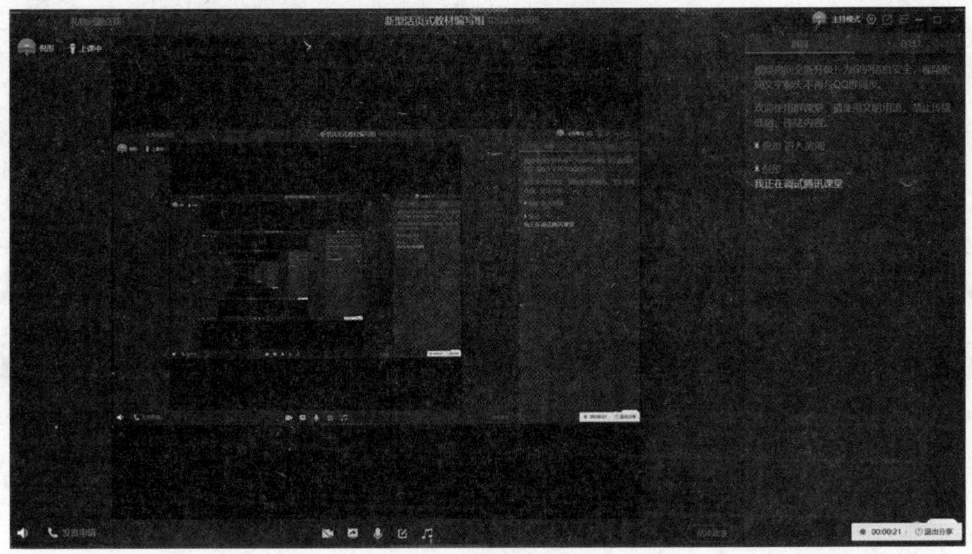

图7-5　分享模式选择

步骤4 直播授课完成之后，可单击“退出分享”按钮，返回“群课堂”的主界面。单击“分享”→“播放影片”选项，可进入视频播放状态，如图7-6所示。

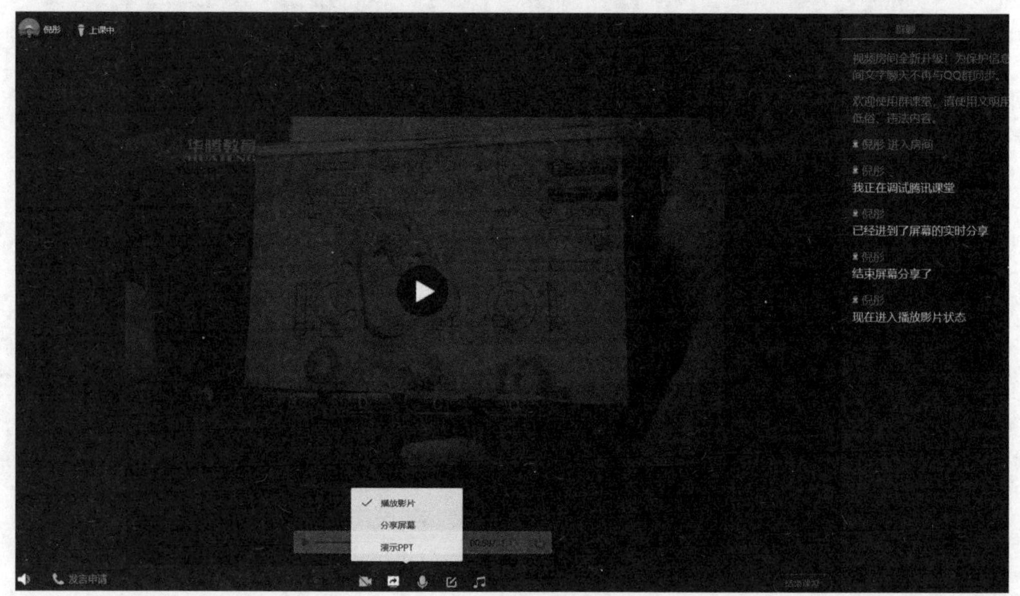

图7-6 分享播放界面

步骤5 单击“分享”→“演示PPT”选项，可进入PPT分页显示状态，如图7-7所示。

图7-7 分享演示PPT

步骤6 单击“结束课堂”按钮，完成本次线上授课，如图7-8所示。

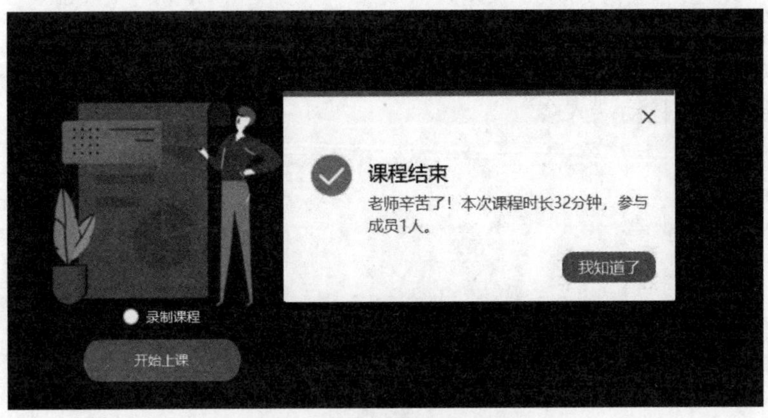

图7-8　分享课堂结束界面

任务二　认识腾讯会议

任务导入

腾讯会议是腾讯云旗下的一款音视频会议软件，于 2019 年 12 月底上线。共享版具有 300 人在线会议、全平台一键接入、音视频智能降噪、美颜、背景虚化、屏幕水印等功能。该软件提供实时共享屏幕、支持在线文档协作。

任务实施

步骤 1　打开腾讯会议，如图7-9所示，可快速部署线上会议，也可根据会议发起人提供的会议号、密码加入线上会议。

图7-9　腾讯会议启动界面

步骤 2　单击“快速会议”按钮，出现如图7-10所示画面。单击下方的“邀请”按钮，出现快速会议的相关信息（见图7-11）可复制此信息给与会人员，让与会人员通过 PC 端或手机移动端入会。

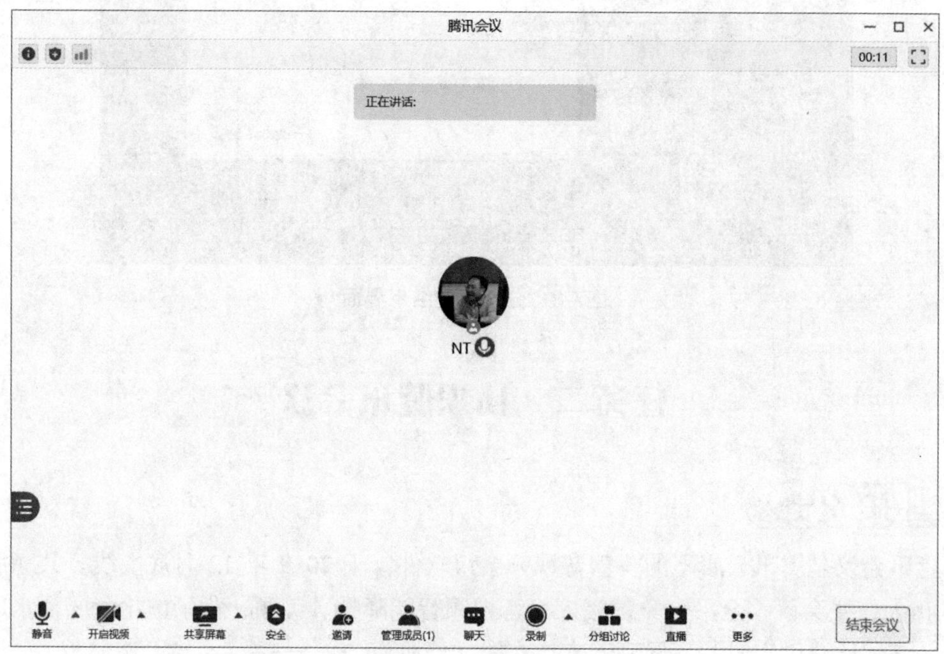

图7-10　快速会议界面

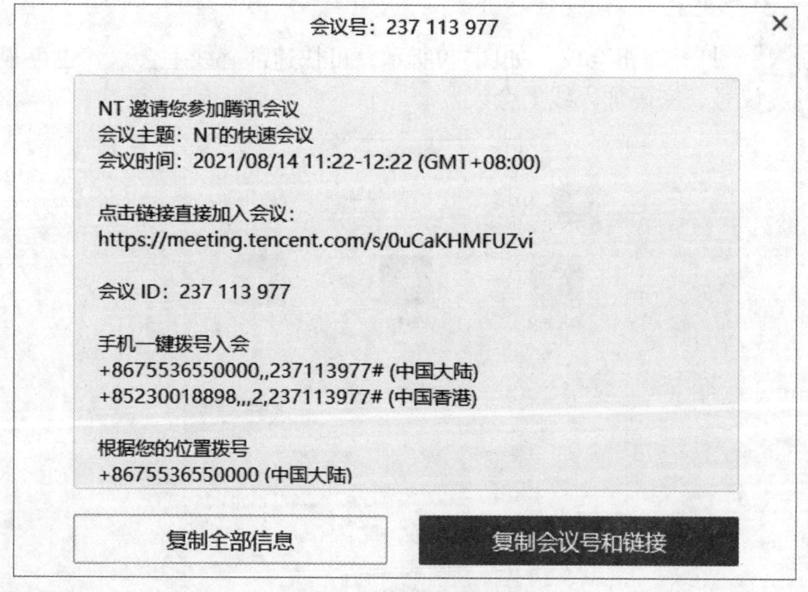

图7-11　快速会议邀请

步骤 3　单击“共享屏幕”按钮，进入幕布分享模式，此处可选中“同时共享电脑声音”选项，如图7-12所示。

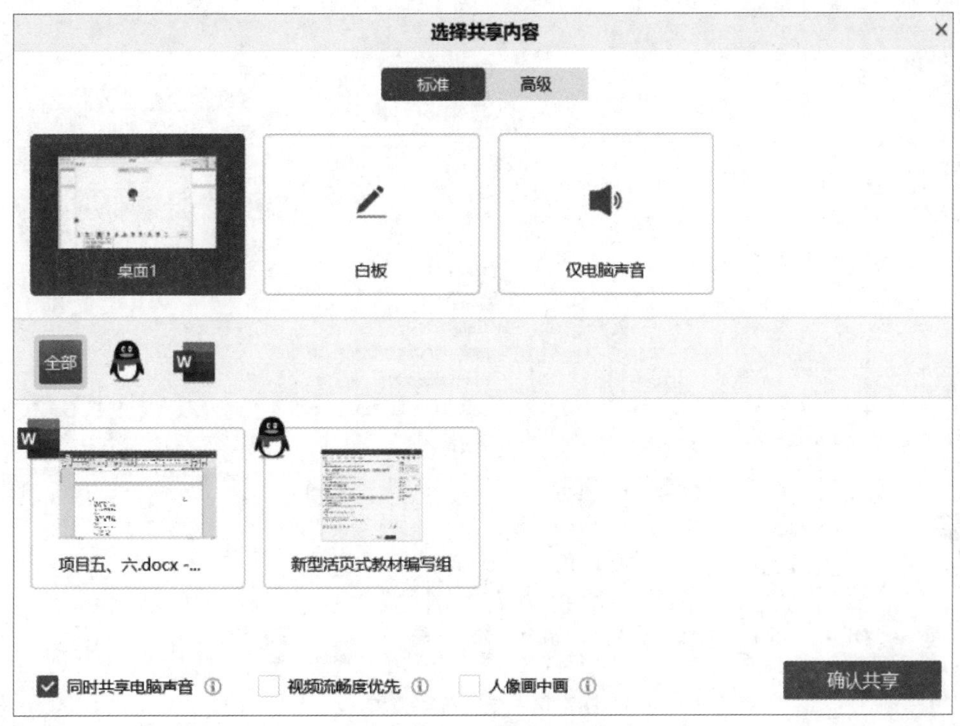

图7-12　共享屏幕界面

单击“确认共享”按钮，进入全屏共享状态，如图7-13所示，直播授课结束，可单击“结束共享”按钮，退出全屏共享状态。

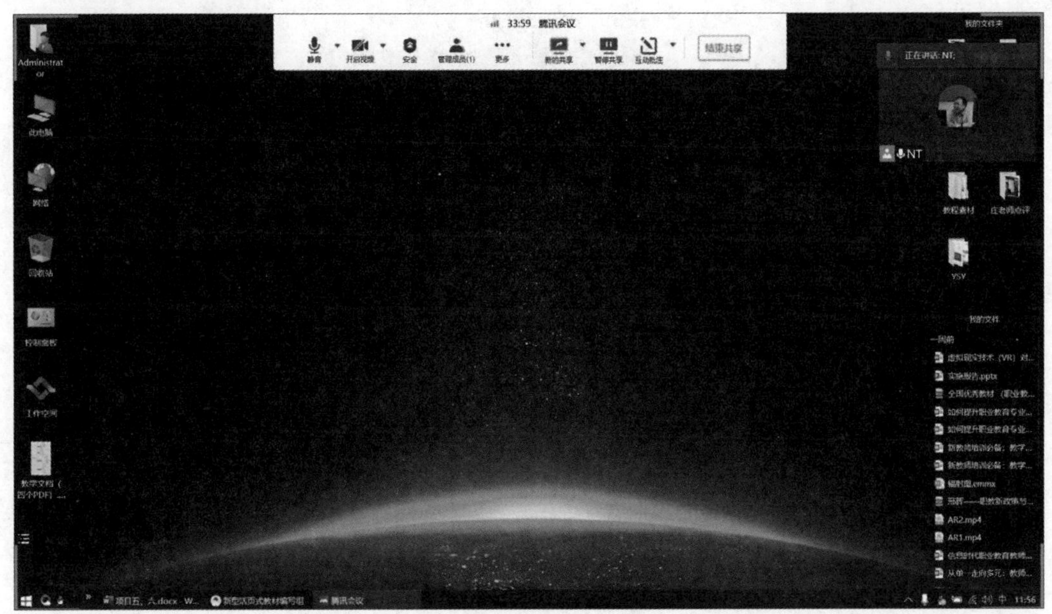

图7-13　全屏共享界面

步骤 4　单击“录制”按钮，可选择云录制或本地录制，录制的结果将自动转换成MP4格式的视频文件，可用于回放或重播，如图7-14所示。

图7-14　录制选项设置

步骤 5　单击“结束会议”按钮，将结束本次线上会议，同时打开录制的会议视频资料所在的文件夹，如图7-15所示。

图7-15　结束会议界面

任务三　认识钉钉直播课堂

任务导入

钉钉(DingTalk)是由阿里巴巴集团开发的智能移动办公平台，有PC 版、Web 版、Mac 版和手机版之分。钉钉免费提供给所有中国企事业单位使用，支持手机和计算机间文件互传，用于商务沟通、工作协同及教育培训。

任务实施

步骤 1　打开钉钉PC端，出现如图7-16所示界面，输入账号、密码后，进入钉钉主界面。

图7-16　钉钉启动界面

步骤2 单击左侧的“会议”按钮，进入视频会议模式，如图7-17所示。

图7-17 视频会议模式

单击“发起直播”按钮，出现“选择创建直播群”窗口，如图7-18所示。

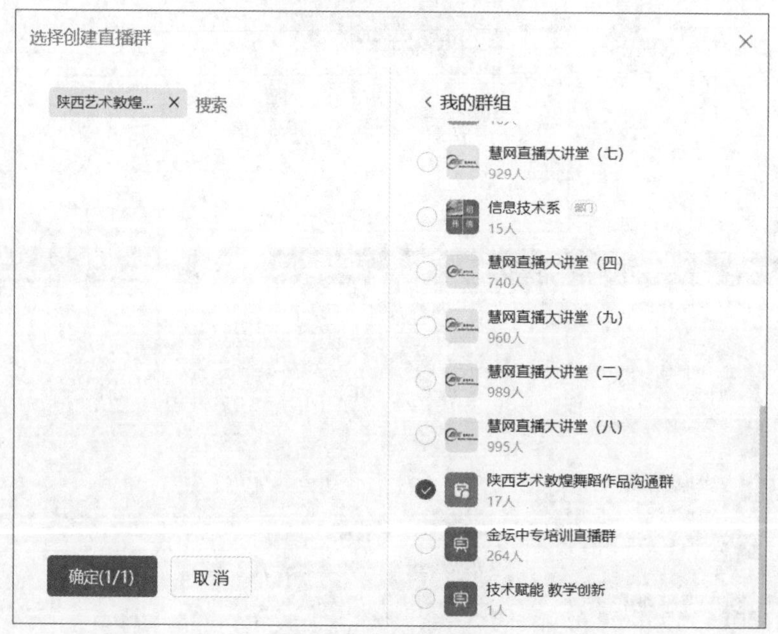

图7-18 选择直播群

选定一个面向直播的群，再单击“确定”按钮，进入“直播主题”设置界面，如图7-19所示。

图7-19　设置直播群

步骤 3　输入直播主题，选定直播模式，例如选定屏幕分享模式，再单击“创建直播”按钮，进入屏幕分享模式，如图7-20所示。

图7-20　直播模式选择

单击“开始直播”按钮，进入全屏共享直播状态，如图7-21所示。

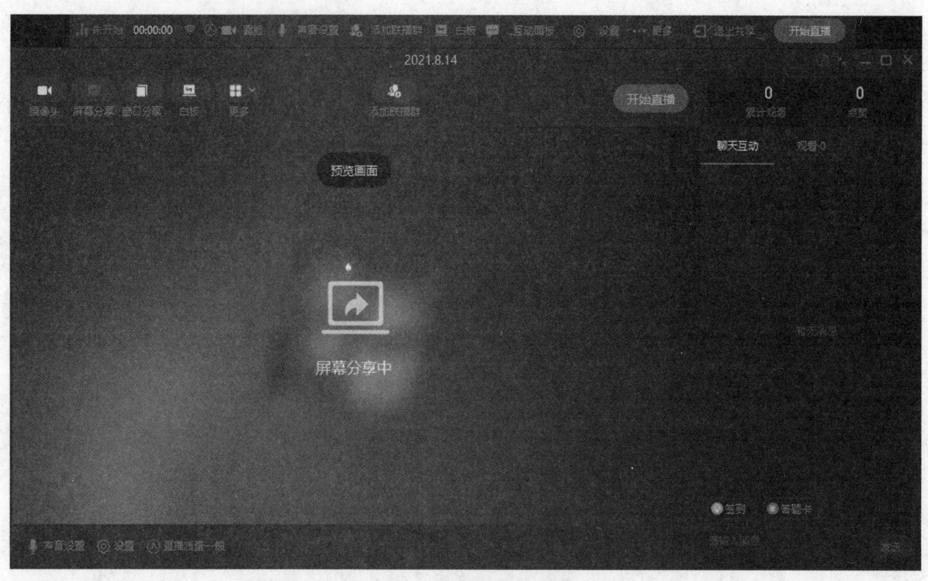

图7-21 全屏享直播模式

步骤 4 单击“结束直播”按钮，将返回直播的大数据“统计”对话框。此处还可选择将直播的录像回放至本群，如图7-22所示。

图7-22 结束直播

任务四 认识小鹅通

任务导入

小鹅通是深圳小鹅网络技术有限公司开发的知识产品与用户服务的数字化工具，包含企业直播、知识店铺、企业培训、企微助手等多款产品，提供一站式技术服务。

小鹅通的直播产品，能方便地创建轻量型的个性化课堂，支持图文音频、录播直播、PPT 直播、桌面共享直播等多种类型的网课。

任务实施

步骤 1 登录小鹅通主页创建一个知识店铺，如图7-23所示。

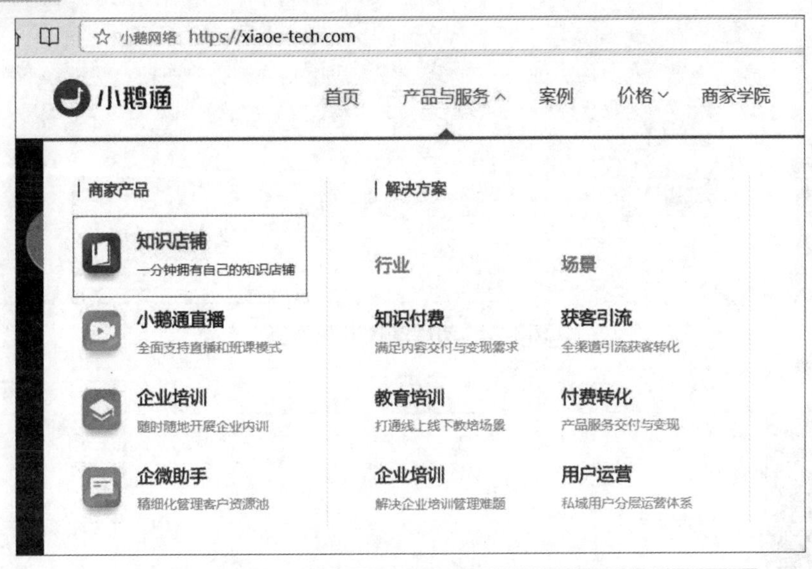

图7-23　小鹅通主页登录及店铺

步骤 2 单击“直播管理”→“新建直播”选项，选择直播模式并填写基本信息创建一个直播，如图7-24和图7-25所示。

步骤 3 首先登录小鹅通直播产品主页下载小鹅通助手并安装Windows桌面端，如图7-26所示。

步骤 4 打开小鹅通助手，再使用微信扫码登录，即可进到直播的初始界面（此处以作者账号登录），如图7-27和图7-28所示。

图7-24　直播管理设置界面

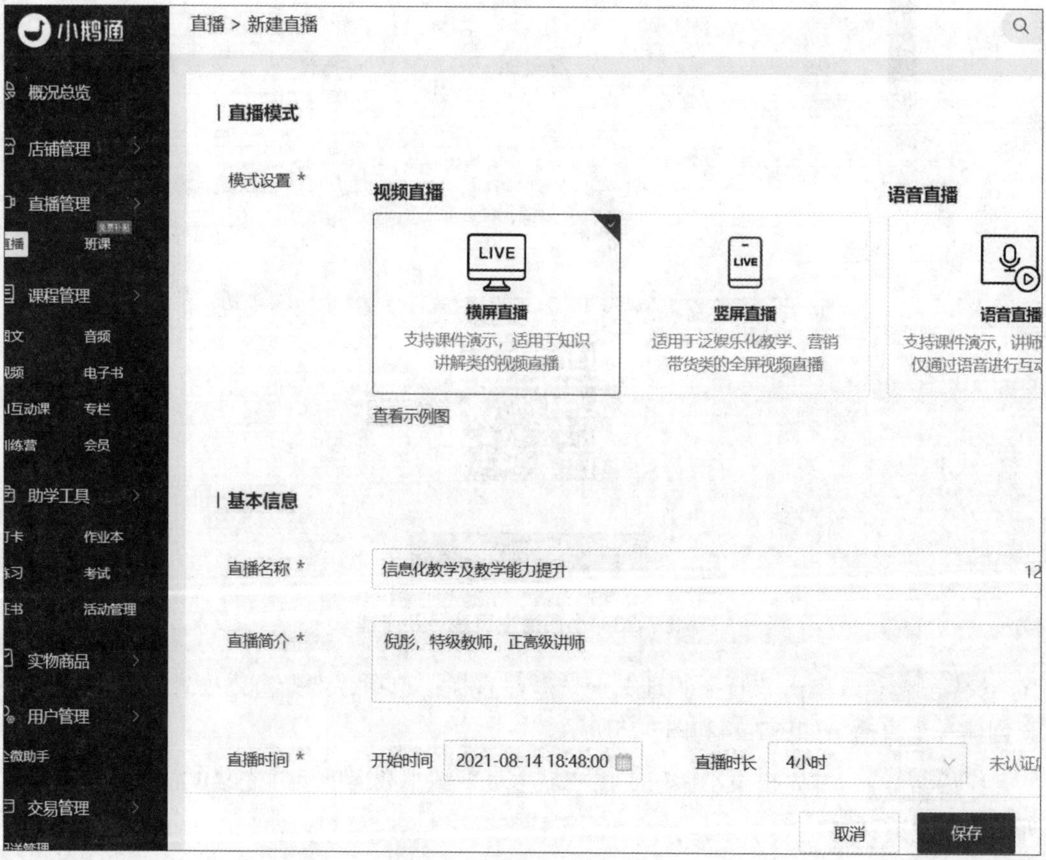

小鹅通
直播 > 新建直播
概况总览
店铺管理
直播管理
直播
班课
课程管理
图文
音频
视频
电子书
AI互动课
专栏
训练营
会员
助学工具
打卡
作业本
练习
考试
证书
活动管理
实物商品
用户管理
企微助手
交易管理
直播模式
模式设置 *
视频直播
LIVE
横屏直播
支持课件演示，适用于知识讲解类的视频直播
LIVE
竖屏直播
适用于泛娱乐化教学、营销带货类的全屏视频直播
语音直播
语音直播
支持课件演示，讲师仅通过语音进行互动
查看示例图
基本信息
直播名称 *
信息化教学及教学能力提升
直播简介 *
倪彤，特级教师，正高级讲师
直播时间 *
开始时间
2021-08-14 18:48:00
直播时长
4小时
取消
保存

图7-25　新建直播界面

图7-26　安装小鹅通程序

图7-27　微信登录界面

图7-28 初始界面

步骤 5 单击“进入直播间”按钮，首先进入扬声器、摄像头、麦克风等设备的检测环节，如图7-29所示。

图7-29 设备测试界面

步骤 6 单击“检测完成”按钮，进入直播间。此处还可选择PPT课件画板演示和屏幕共享。以“屏幕共享”为例，单击“开始共享”按钮，进入屏幕共享模式。单击“开始上课”按钮，进入授课环节，如图7-30所示。

步骤 7 单击“停止上课”按钮，可选择暂停直播或结束直播，如图7-31所示。

图7-30 屏幕共享模式

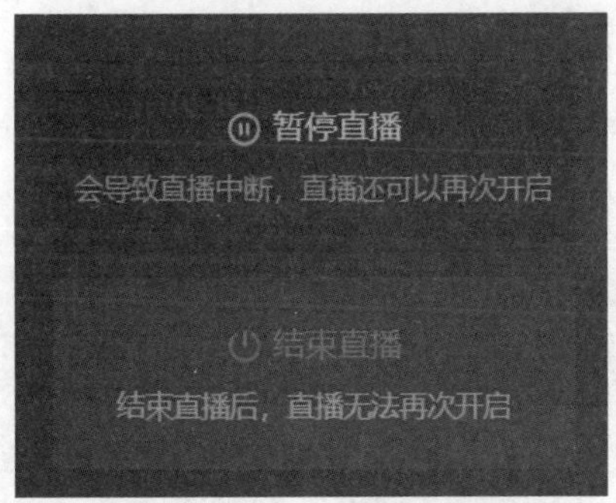

图7-31 结束直播界面

任务五 认识希沃授课助手

任务导入

希沃授课助手（SeewoLink）是由希沃推出的基于无线Wi-Fi网络，实现移动终端与PC(及智能平板)之间的互联互动的移动应用软件。它操作简便、易于上手，可完成直播投屏、拍照上传、课件演示和桌面同步等功能。

任务实施

步骤 1 双击已下载的希沃授课助手PC端应用程序，开始软件的安装，如图7-32所示。

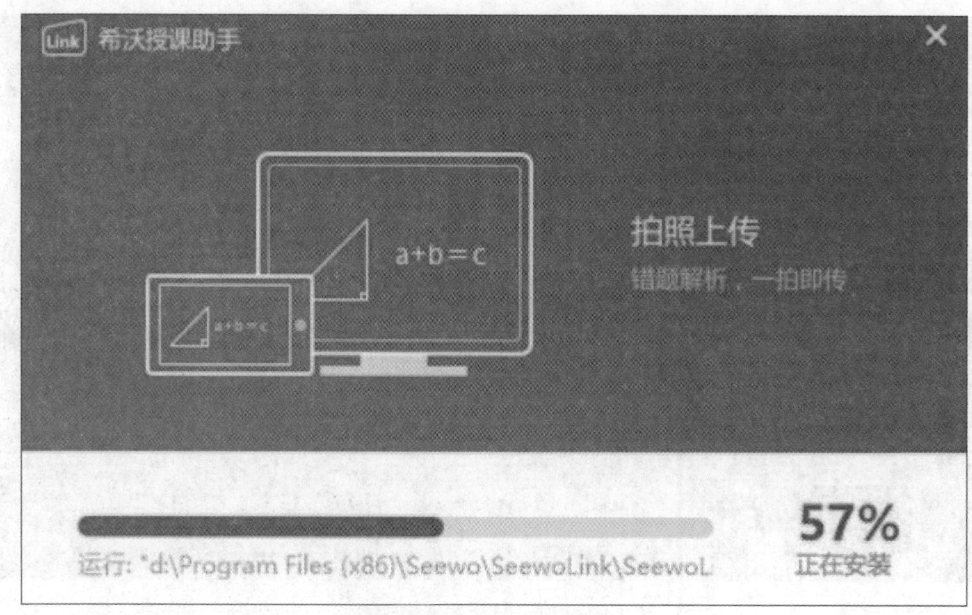

图7-32 安装希沃授课助手

步骤 2 安装向导共分为四步：

（1）扫码安装手机移动端App，如图7-33所示。

（2）设置“电脑名”及“连接密码”，如图7-34所示。

图7-33 扫码安装

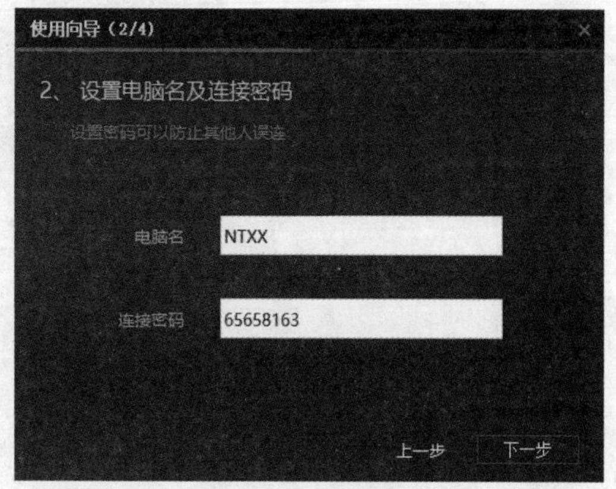

图7-34 设置名称和密码

（3）设置网络，要确保计算机和手机连接在同一个Wi-Fi，如图7-35所示。

（4）用手机扫码连接计算机，如图7-36所示。

步骤 3 当如图7-37所示界面出现，就可用希沃授课助手App扫码（注意：不是微信扫码），将手机接入计算机，如图7-38所示。

步骤 4 在手机移动端界面，单击“移动展台”选项，进入“直播”等工作界面，如图7-39所示。

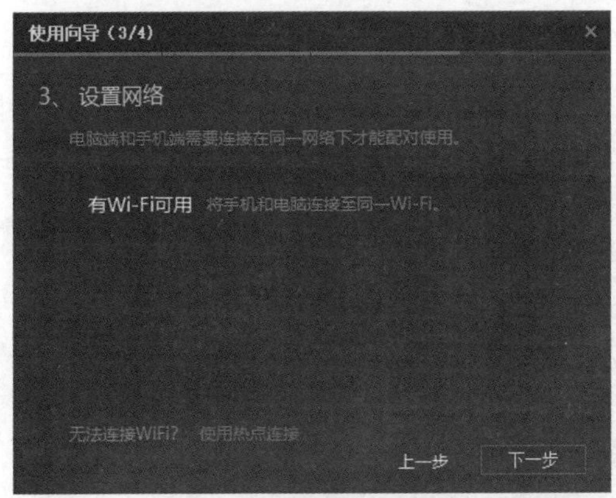

图7-35　设置网络

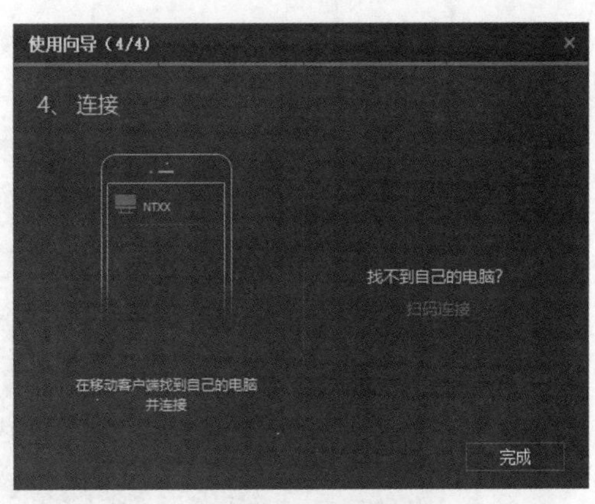

图7-36　扫码连接

图7-37　手机连接计算机

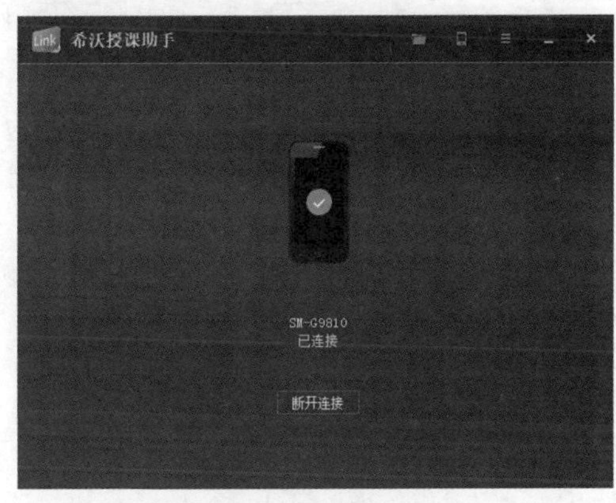

图7-38　完成连接界面

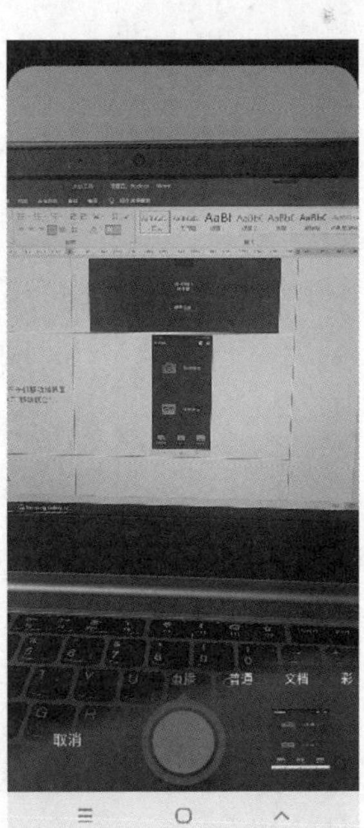

图7-39　进行直播界面

步骤 5　单击“直播”选项，开始把手机当成摄像机，可进行现场直播，如图7-40所示。

图7-40　现场直播界面

项目八 MOOC/SPOC

MOOC是大规模在线课程（massive online open course），比较典型的课程平台有网易公开课、清华学堂在线等。SPOC是小规模在线课程（small private online course）。

任务一 选择平台

任务导入

网络教学平台的种类繁多，功能都是大同小异，掌握了一个主流的教学平台操作，就可以举一反三、触类旁通。

任务实施

步骤 1 超星泛雅学习平台的PC端如图8-1所示。

图8-1 超星泛雅学习平台

步骤 2 智慧职教/职教云的PC端如图8-2所示。

图8-2　智慧职教/职教云平台

步骤 3　中国大学MOOC PC端如图8-3所示。

图8-3　中国大学 MOOC平台

任务二　注册登录

任务导入

当下的网络教学平台大多数都是开放注册，以方便用户使用，还有就是由学校或单位统一分配账号、密码，以供教师建课、开班。

任务实施

步骤 1　以中国大学MOOC为例，首先要在 PC 端输入网址，单击“注册”按钮，进入用户注册界面，如图8-4和图8-5所示。

中国大学MOOC
课程
学校
学校云
慕课堂
下载APP
登录 | 注册
国家精品
计算机
外语
理学
工学
22/23考研
期末不挂科
应试英语
实用英语
更多
MOOC推荐
从0到1
全面掌握人工智能
立即学习
免费学习来自名校名师的精品课程
登录/注册
全部784所合作高校
最近直播

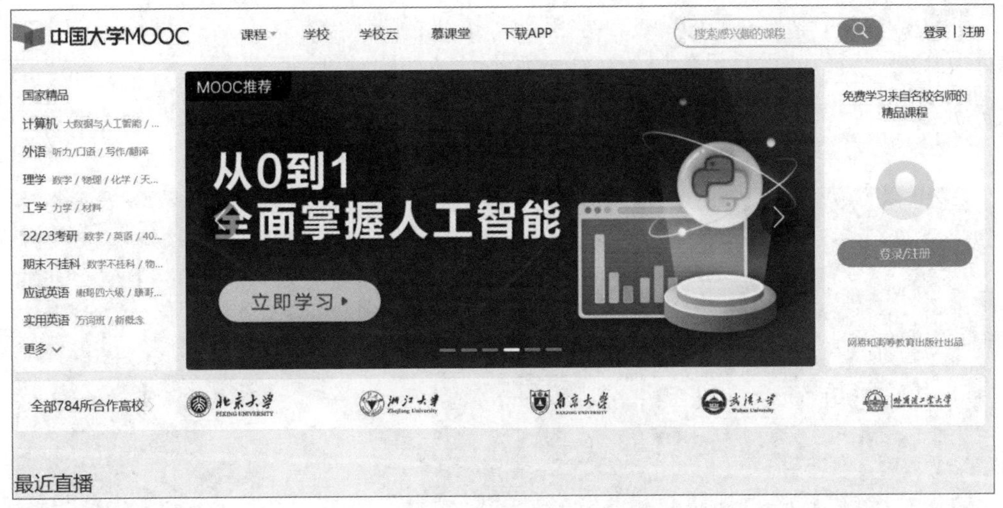

图8-4　中国大学 MOOC平台界面

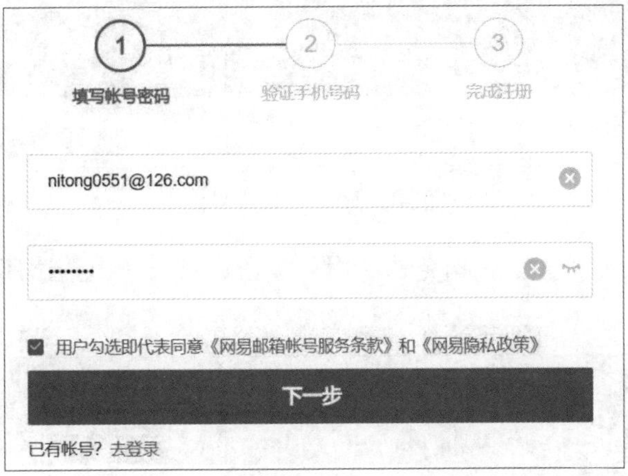

1
2
3
填写帐号密码
验证手机号码
完成注册
nitong0551@126.com
用户勾选即代表同意《网易邮箱帐号服务条款》和《网易隐私政策》
下一步
已有帐号？去登录

图8-5　中国大学 MOOC平台界面

步骤 2　注册完成，即可用邮箱登录中国大学MOOC，进入主页，如图8-6所示。

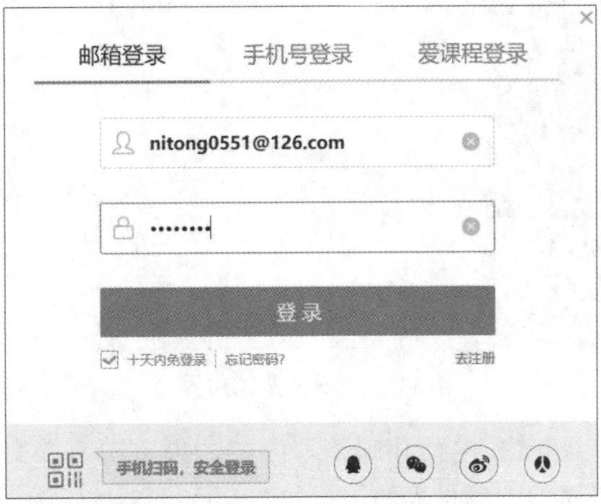

邮箱登录
手机号登录
爱课程登录
nitong0551@126.com
登录
十天内免登录
忘记密码?
去注册
手机扫码，安全登录

图8-6　中国大学 MOOC平台界面

步骤3 单击主页首行的“学校云”按钮，进入学校云认证。学校云助力实现教育模式的创新，建设自己专属的在线教育平台，如图8-7所示。

图8-7 学校云认证界面

步骤4 单击“学校/机构免费试用”按钮，打开“申请试用”对话框，如图8-8所示。

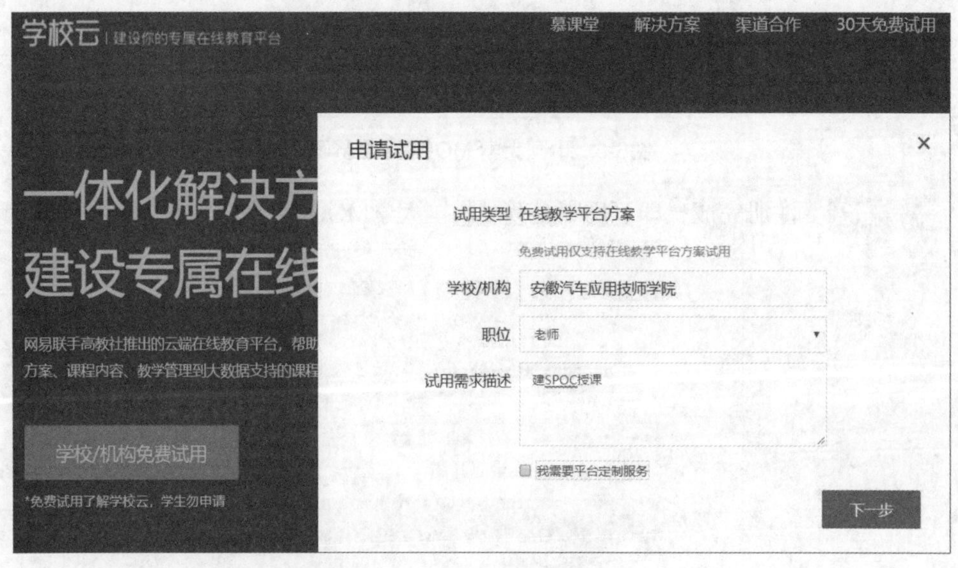

图8-8 申请免费试用界面

输入学校、职位、姓名、电话和邮箱等内容，再单击“提交”按钮，完成试用申请，等待管理员审核通过后即可投入使用，如图8-9和图8-10所示。

申请试用

试用类型　在线教学平台方案

免费试用仅支持在线教学平台方案试用

姓名　倪彤

电话　18919609632

邮箱地址　nitong0551@126.com

* 提交后将默认你的帐户赋予测试学校的高校管理员权限及老师权限，请填写常用的联系方式。

上一步　提交

图8-9　输入申请信息

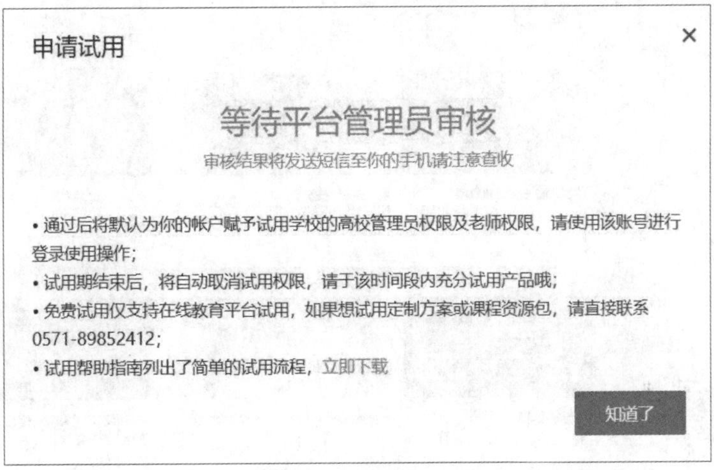

申请试用

等待平台管理员审核

审核结果将发送短信至你的手机请注意查收

• 通过后将默认为你的帐户赋予试用学校的高校管理员权限及老师权限，请使用该账号进行登录使用操作；

• 试用期结束后，将自动取消试用权限，请于该时间段内充分试用产品哦；

• 免费试用仅支持在线教育平台试用，如果想试用定制方案或课程资源包，请直接联系0571-89852412；

• 试用帮助指南列出了简单的试用流程，立即下载

知道了

图8-10　等待审核

任务三　创建课程

任务导入

超星泛雅/学习通网络教学平台是当下职业院校主流的教学平台之一，本任务介绍如何在此平台上创建课程。

任务实施

步骤 1　首先打开每个学校专属的超星泛雅/学习通网络教学平台门户网址，单击“登录”按钮，进入用户登录界面，如图8-11所示。

图8-11　泛雅网络教学平台登录界面

输入账号、密码和验证码之后，进入系统后台主界面，如图8-12所示。

图8-12　泛雅网络教学平台主界面

步骤2　单击“新建课程”按钮，进入创建课程向导：填入课程名称、开课教师姓名和课程相关说明，单击“下一步”按钮，如图8-13所示。

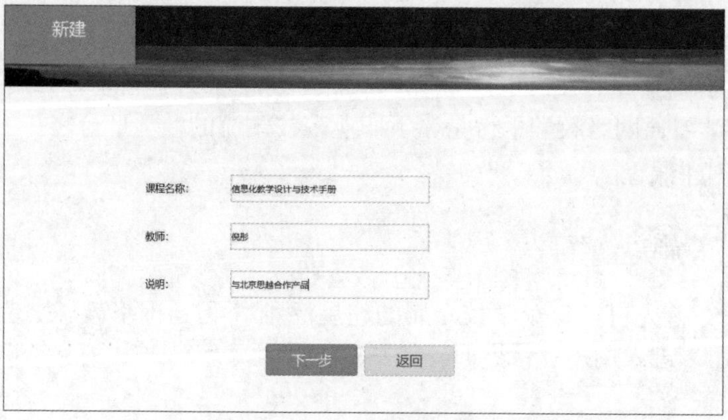

图8-13　输入课程信息

步骤 3　选择课程封面，可选择平台提供的图片，也可以单击“上传文件”按钮，上传本地图片，单击“保存”按钮，如图8-14所示。

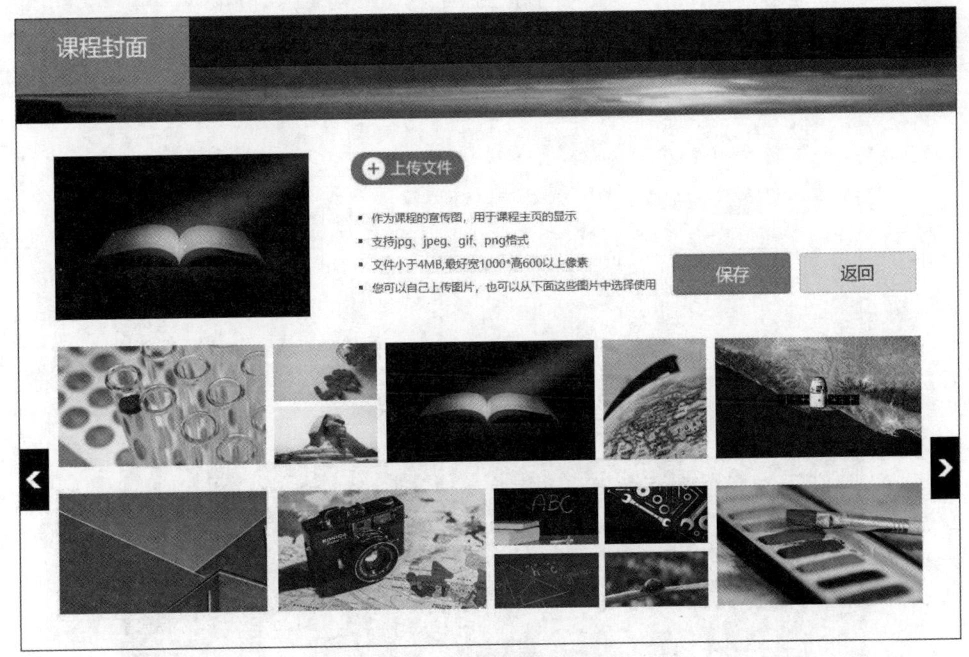

图8-14　选择课程封面

步骤 4　单击课程选择按照周、课时自动生成课程单元，也可以选择不自动生成课程单元，在稍后进入课程编辑后再自行设置，单击“保存”按钮，如图8-15所示。

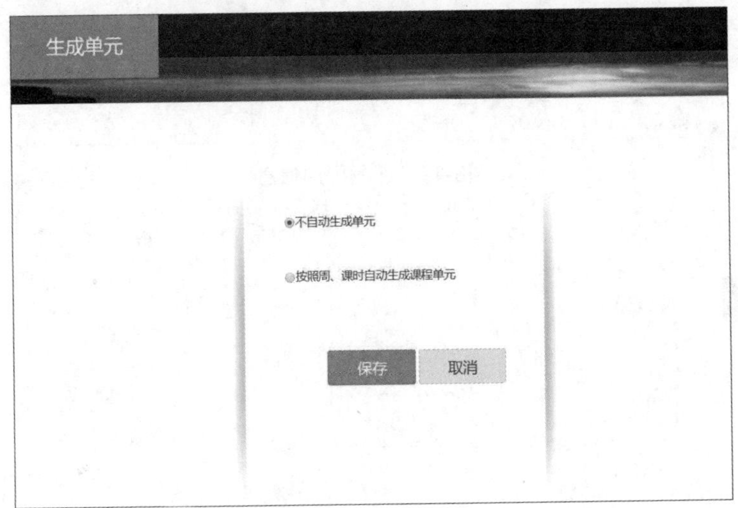

图8-15　生成单元界面

步骤 5　完成课程框架的初步创建。单击“课程门户”按钮，自动生成链接，可用此外部链接访问本门课程，如图8-16和图8-17所示。

步骤 6　在图8-16的课程框架建设界面上，单击“体验新版”按钮，将出现泛雅新版课程框架建设界面，如图8-18所示。“体验新版”按钮变为“回到旧版”按钮。

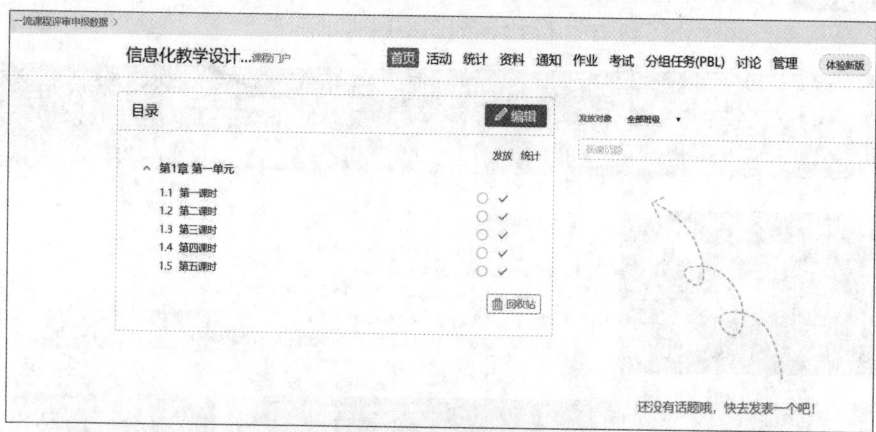

图8-16　课程框架建设界面

图8-17　课程门户信息

图8-18　课程建设完成界面

任务四　制作课程封面

任务导入

在完成了课程的整体框架搭建之后，接下来就是要完成课程内容的建设，主要包括：制作课程封面、编辑课程内容。

任务实施

步骤 1　在课程门户主界面，单击“编辑门户”按钮，进入课程封面编辑，此处可选择相应的模板主题风格，如图8-19所示。

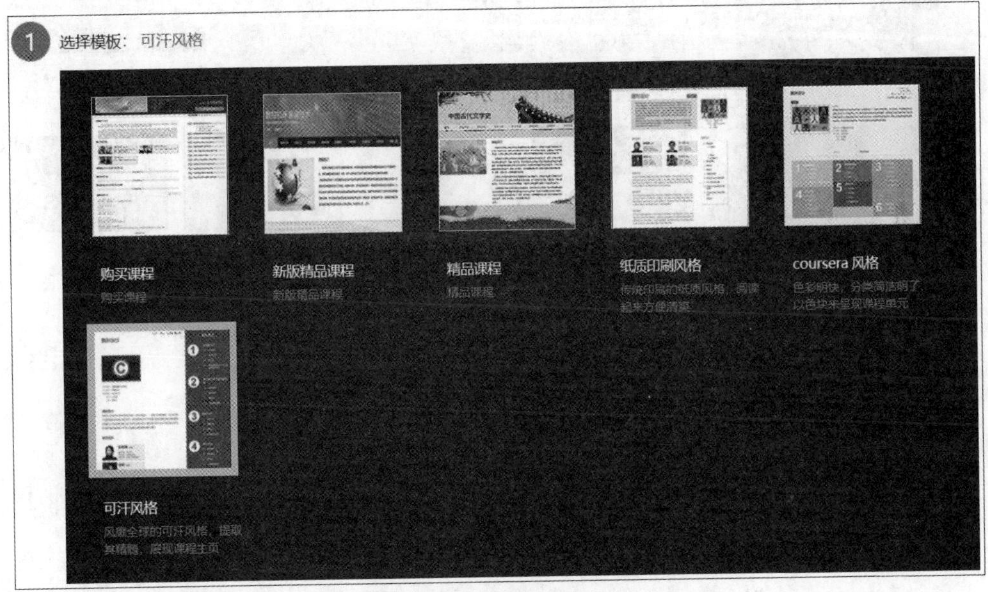

图8-19　课程封面选择

例如：选择可汗风格。然后在“模块管理”中填写课程基本信息，单击“保存”按钮，如图8-20所示。

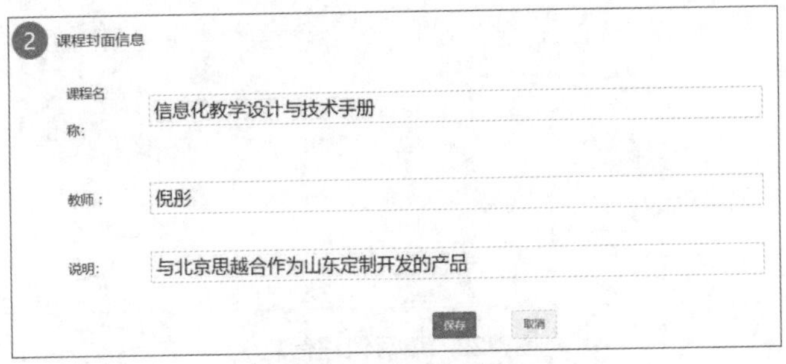

图8-20　课程封面填写

步骤 2　上传片花及课程封面宣传图片，再单击“保存”按钮，如图8-21所示。

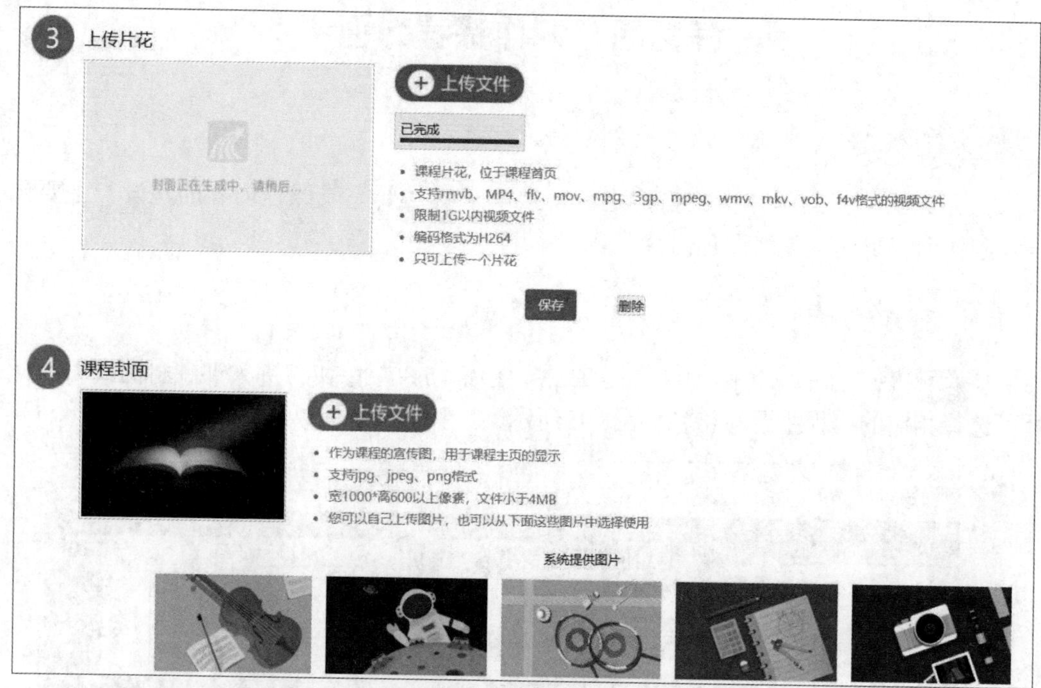

图8-21　上传课程封面图片

步骤3　填写课程的相关信息，单击“保存”按钮，如图8-22所示。

5 课程相关信息

◉ 高校模板　　○ 基础模板

学校	山东民族中专
编号	SDMZ003
课时	108
学分	5
开课院系	其他
专业大类	电子与信息大类
开课专业	数字媒体技术应用
课程负责人	NT
课程英文名称	Digital media technology
课程视频总时长	450

*以上信息都属于可选项,您可以选择填写，当您不填写时，此栏目不显示

主题

请输入主题如“公告”

内容

保存　取消

图8-22　填写课程信息

步骤4　修改课程章节名称、课程介绍名称，填写课程介绍内容，单击“保存”按钮，如图8-23所示。

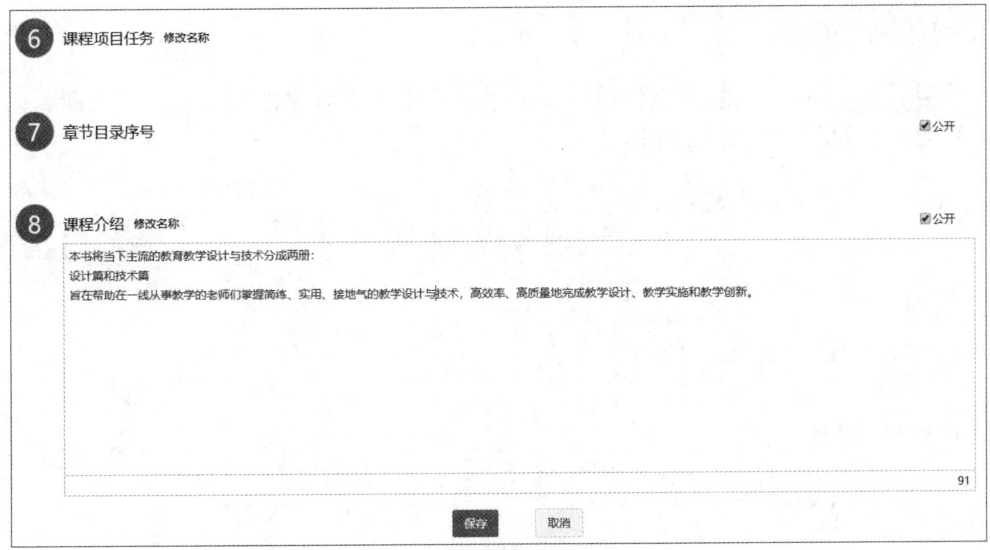

图8-23 课程信息修改

步骤5 修改教师团队名称、教学方法名称，填写教学方法内容，单击“保存”按钮，如图8-24所示。

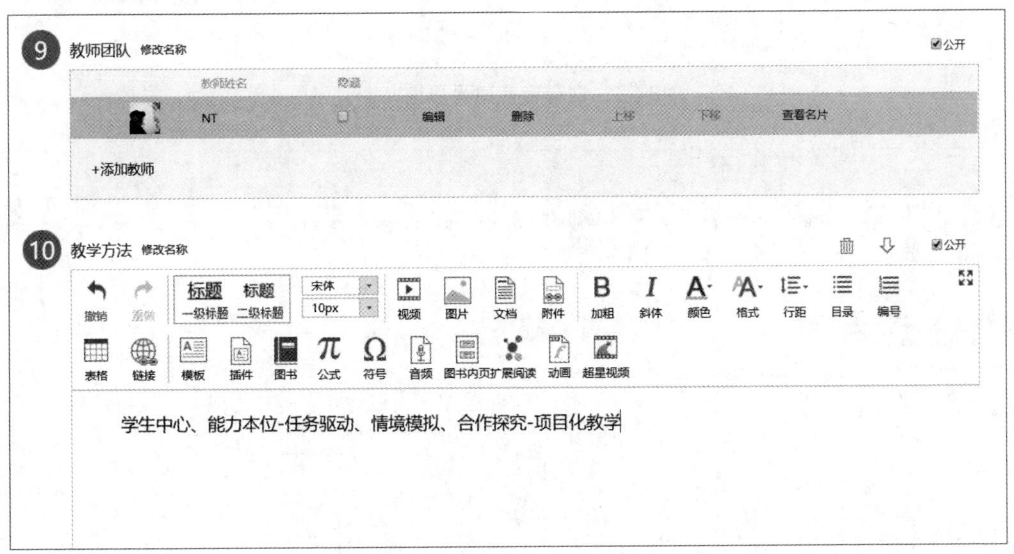

图8-24 教师团队信息修改

任务五 编辑课程内容

在完成了课程的封面设计与制作之后，接下来就是要对课程的内容进行编辑。

任务实施

步骤1 在“设置课程信息”页面中，单击“章节建设”按钮，进入课程内容的编辑界面，如图8-25和图8-26所示。

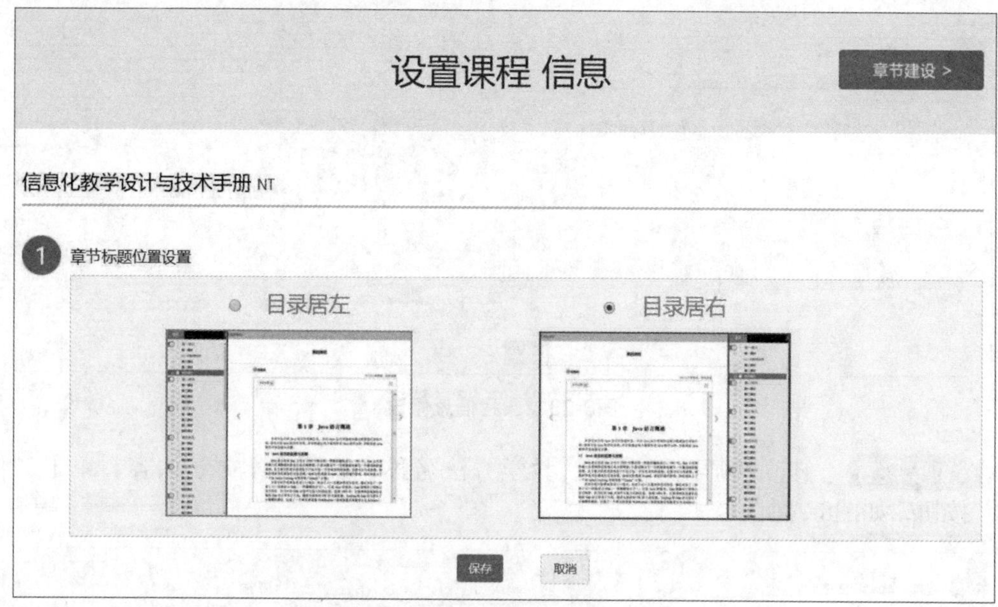

图8-25　课程章节建设界面（一）

图8-26　课程章节建设界面（二）

步骤2 选中左边的一个任务，可直接输入文本。单击“图片”按钮，可在文中插入本地图片，单击“开始上传”按钮，完成图片的上传。单击“确认”按钮，即可将图片插入当前文档，如图8-27所示。

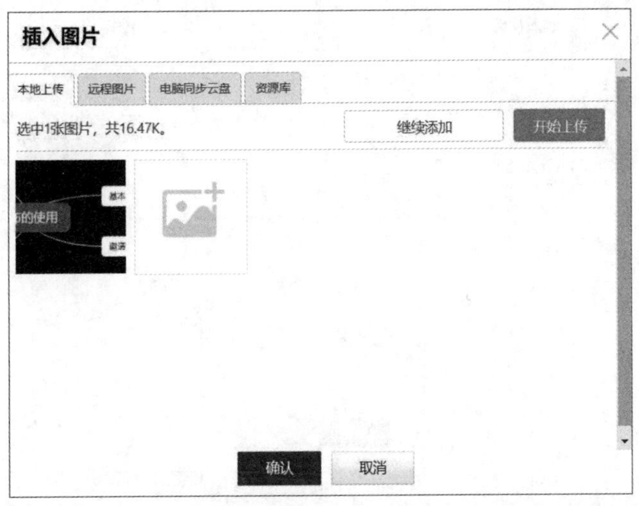

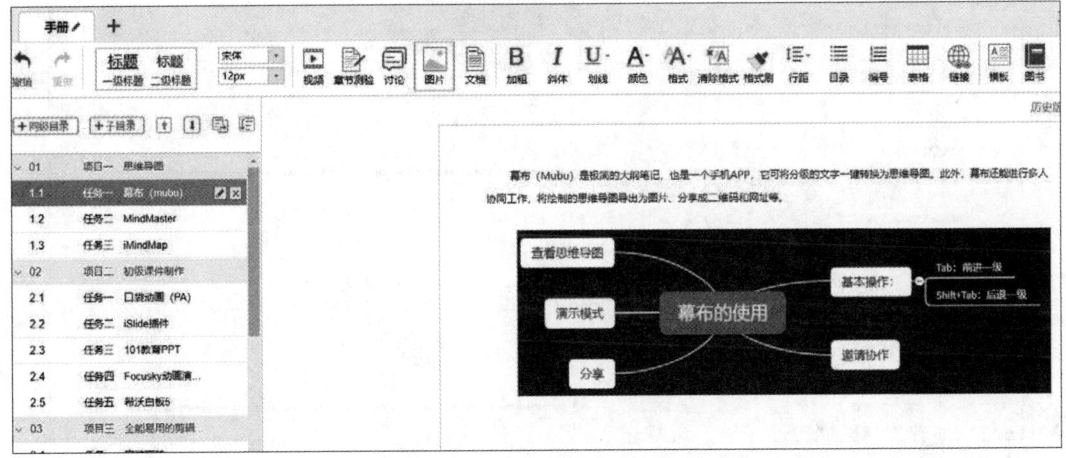

图8-27　课程图片信息上传界面

步骤 3　在课程内容编辑器界面单击“视频”按钮，可插入一个视频文件。目前支持的上传方式有四种：本地上传、电脑同步云盘、资料库、超星视频。可供支持上传的视频格式：rmvb、3gp、mpg、mpeg、mov、wmv、avi、mkv、mp4、flv、vob、f4v等，如图8-28所示。

步骤 4　视频上传成功后，可以对上传视频进行剪辑、防拖动等处理，还可以选中“原位播放”按钮，则学生可以在网页直接观看，无需下载。选中“任务点”按钮，可设置学生必须观看一定时间的视频才可通过课程。单击“剪辑”按钮，进入视频剪辑界面。输入视频的起点、终点时间，即可截取视频中所需的部分，如图8-29所示。

步骤 5　“音频”插入方法与“视频”相同，即在“更多”下拉菜单中找到“音频”选项并单击。目前可供支持上传的音频格式较多：mp3、m4a、wav、wma等，如图8-30和图8-31所示。

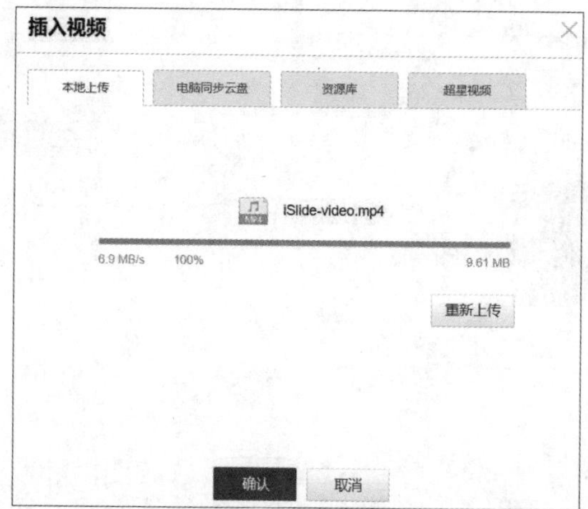

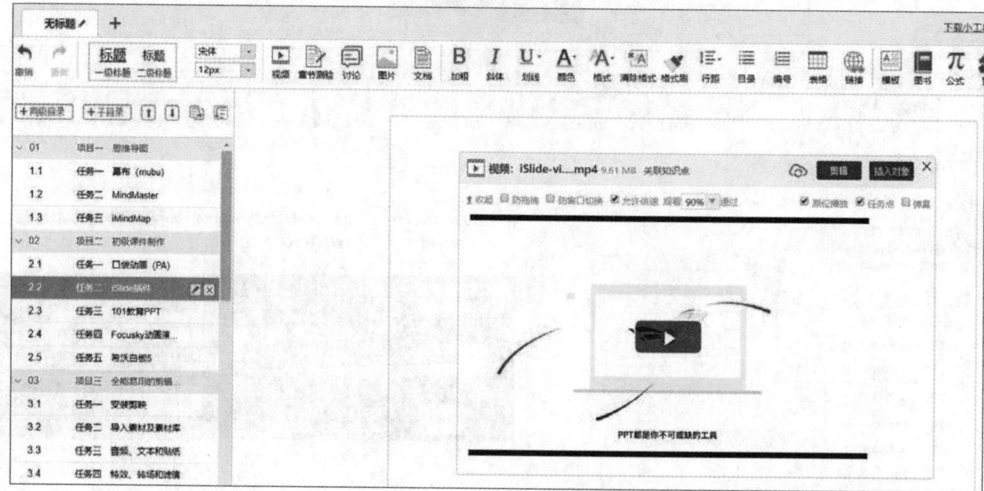

图8-28 课程视频上传界面

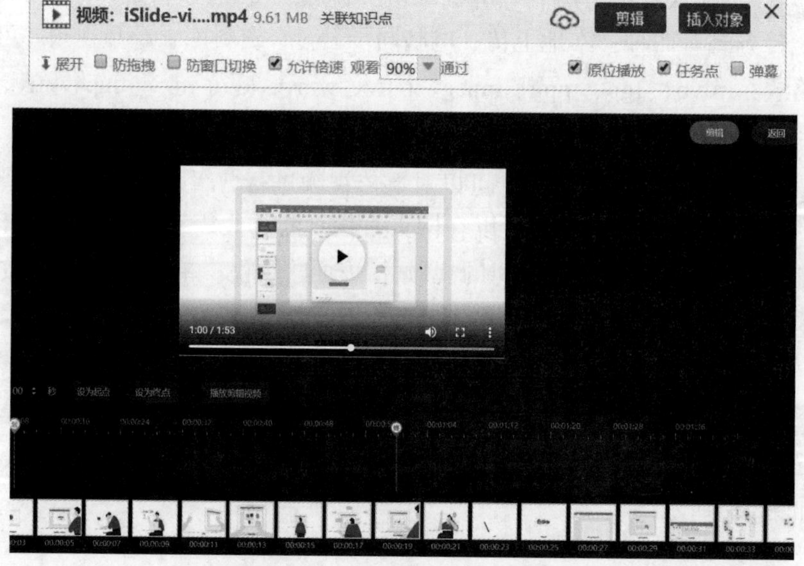

图8-29 视频资源的播放与剪辑

图8-29 视频资源的播放与剪辑（续）

插入音频

本地上传 电脑同步云盘 资源库

青城山下白素贞.mp3

4.96 MB/s 100% 5.06 MB

重新上传

确认 取消

图8-30 音频的插入

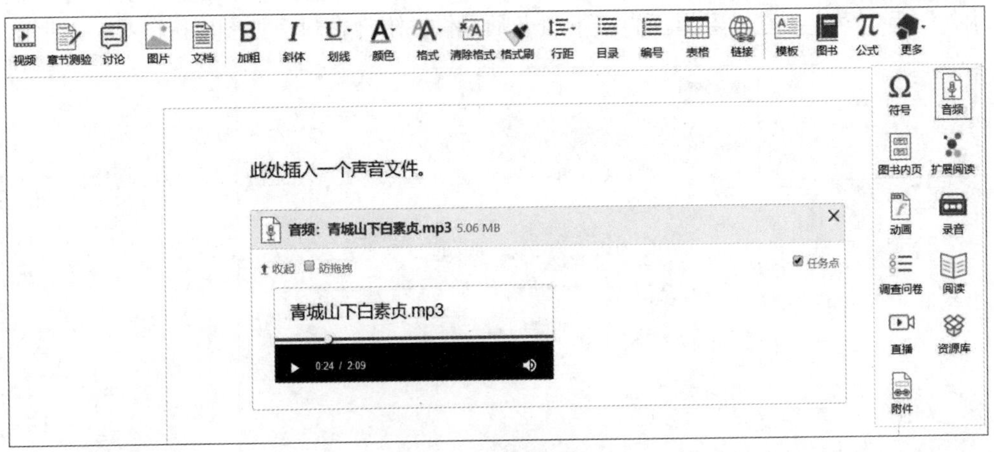

图8-31 音频的编辑

步骤 6 “文档”插入方法也与“视频”相同，文档也支持原位播放。目前可供支持上传的文档格式：ppt/pptx、doc/docx、xls/xlsx、PDF，如图8-32所示。

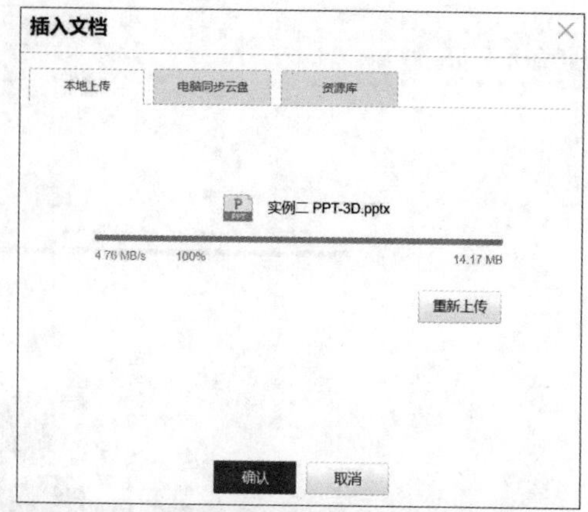

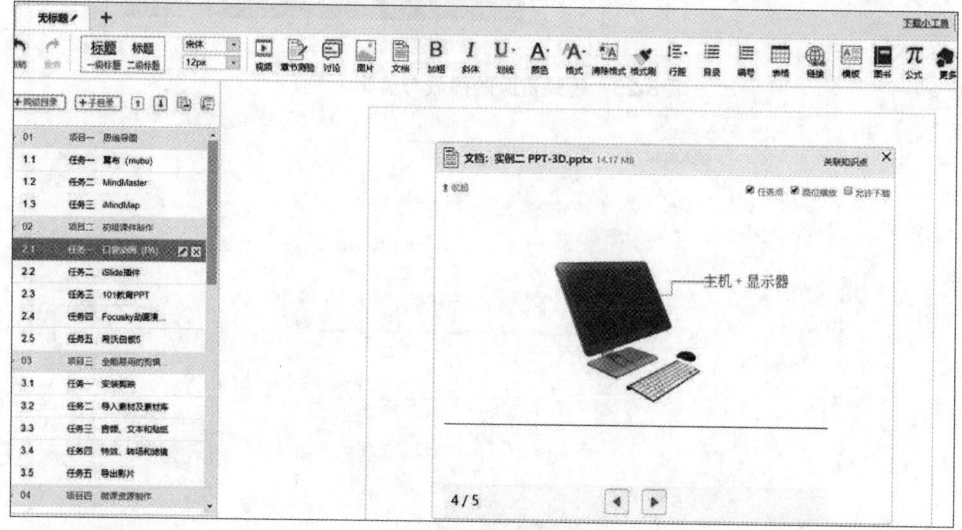

图8-32 文档的插入与编辑

步骤 7 插入“附件”有三种方式：本地上传、电脑同步云盘，资源库。插入“附件”后，学生可在学习界面直接下载老师提供的附件资料，如图8-33和图8-34所示。

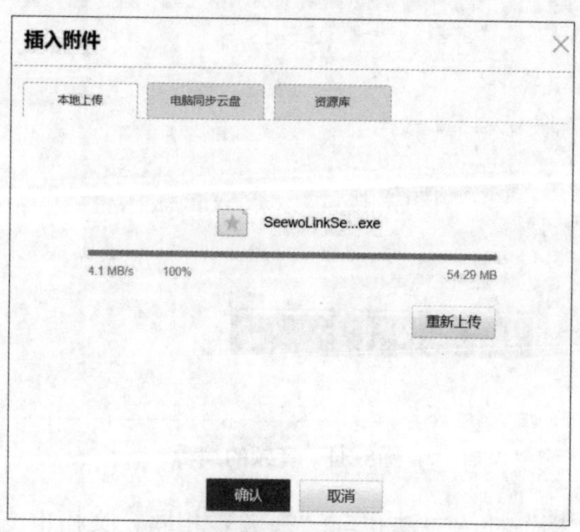

图8-33 附件的上传

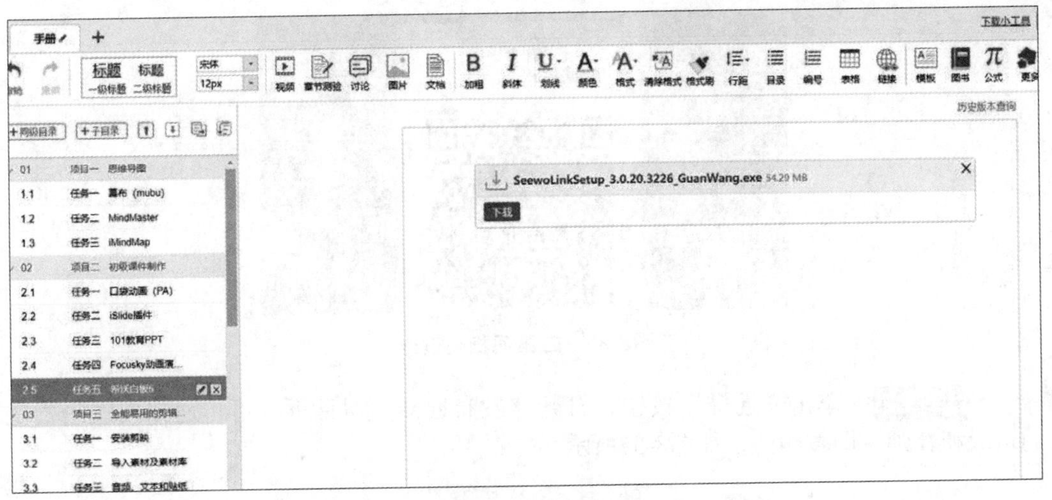

图8-34　附件的下载

任务六　课程教学

任务导入

在课程建设基本完成之后，接下来就要进行课程的使用，主要包括：班级管理、通知、活动、作业、考试和统计等。

任务实施

步骤 1　在课程编辑主界面，单击“管理”按钮，进入班级管理，此处可新建班级、添加学生等，如图8-35所示。

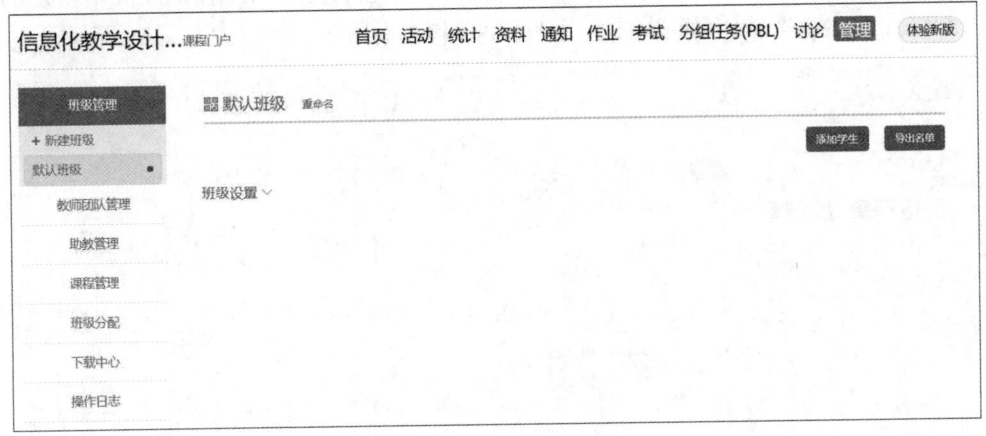

图8-35　新建班级与添加学生

单击“新建班级”按钮，可创建一个“2021新生1班”，系统自动生成一个加入班级的邀请码和二维码，如图8-36所示。

图8-36 二维码扫码进班

步骤 2 单击“通知”按钮，打开“发布通知”对话框，可将通知发送给指定的班级和教师、助教团队，如图8-37所示。

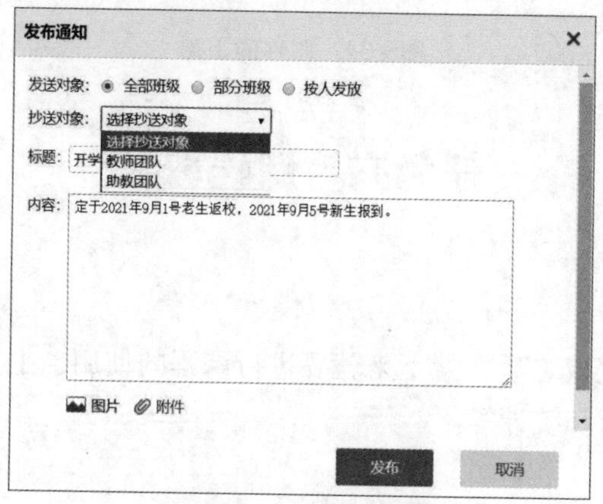

图8-37 发放通知设置

步骤 3 单击“作业”按钮，打开“新建作业”对话框。可在此处编辑单选、多选、填空等多种类型的习题作业。单击“发布”按钮，可将习题作业发放给指定的班级，并可设定完成作业的时间区间，如图8-38～图8-41所示。

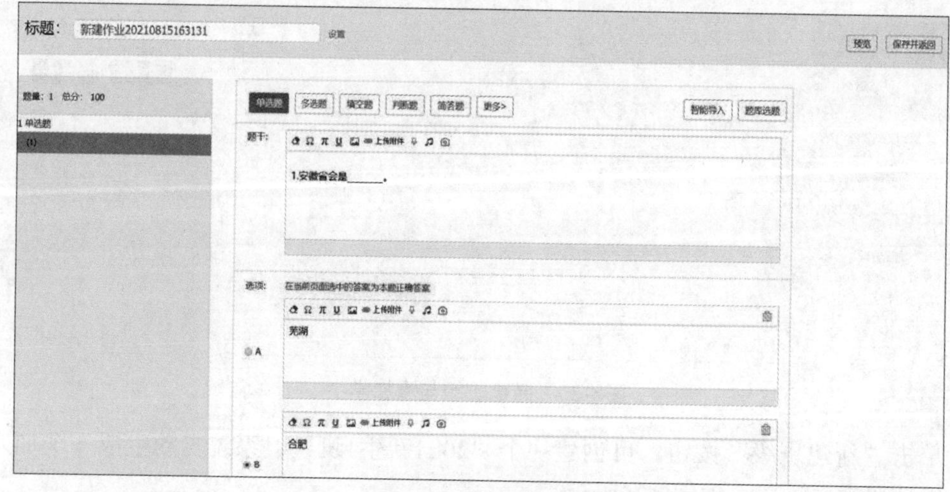

图8-38 作业题型设置

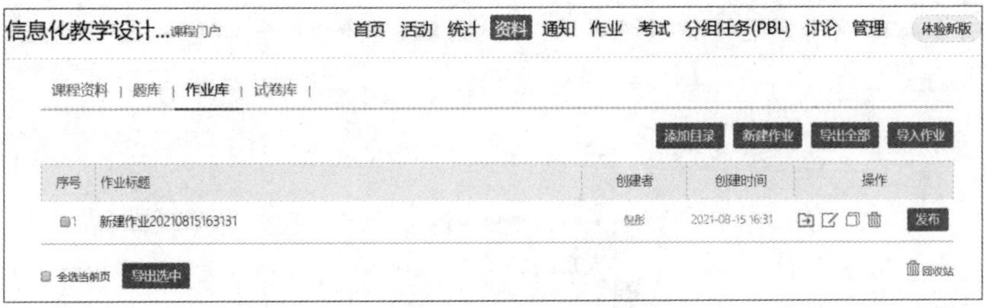

图8-39 作业生成

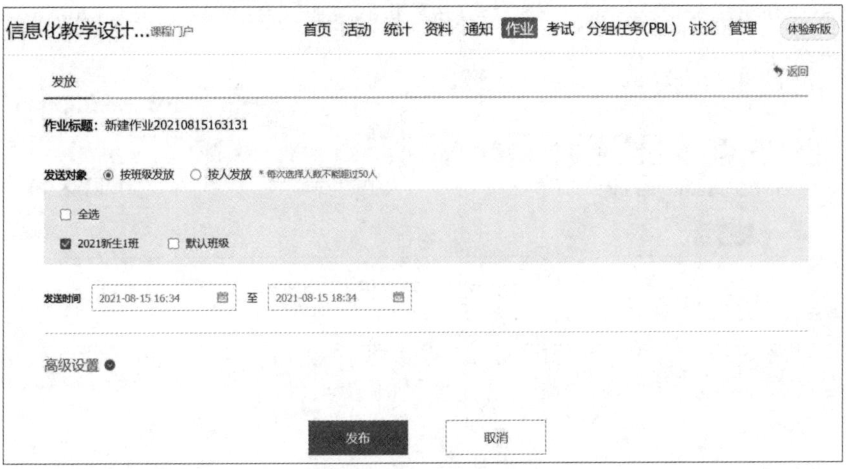

图8-40 作业发布时间设置

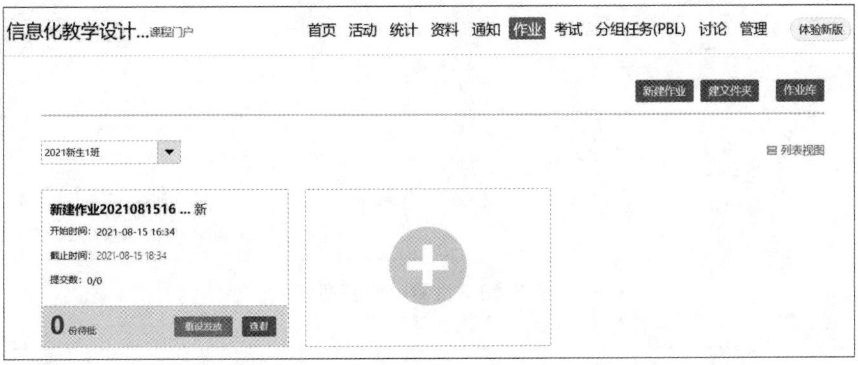

图8-41 作业发布

步骤 4 单击“考试”按钮，打开“创建试卷”对话框。可在此处手动创建试卷或自动随机组卷。单击“发布”按钮，可将试卷发放给指定的班级，并可设定完成试卷的时间区间，如图8-42所示。

步骤 5 单击“分组任务（PBL）” 按钮，打开“分组任务设置”对话框。可在此处编辑任务、分组方式、设置自评、互评、师评的权重，如图8-43所示。

步骤 6 单击“活动”按钮，打开互动设置界面。可在此处添加签到、投票、选人、抢答、主题讨论等多个互动环节，如图8-44和图8-45所示。

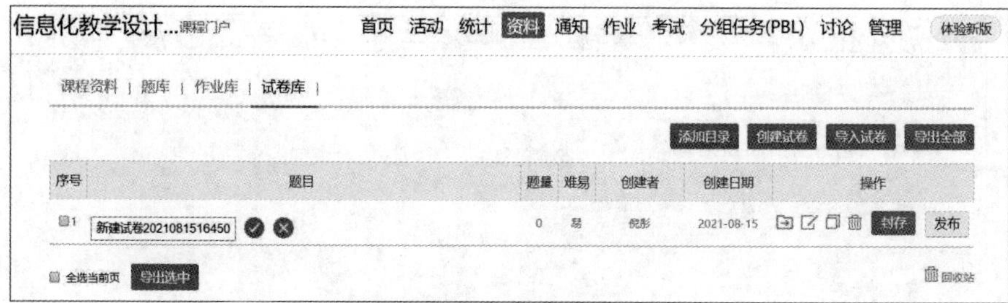

图8-42　考试设置

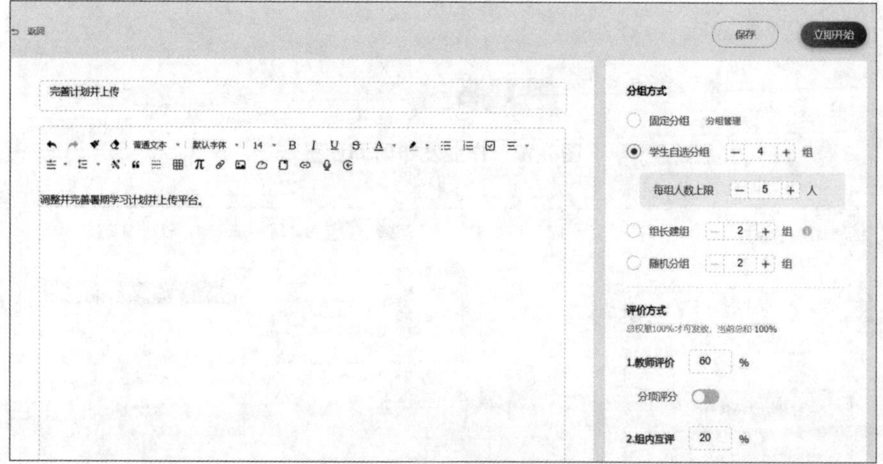

图8-43　设置分组任务

图8-44　签到活动设置

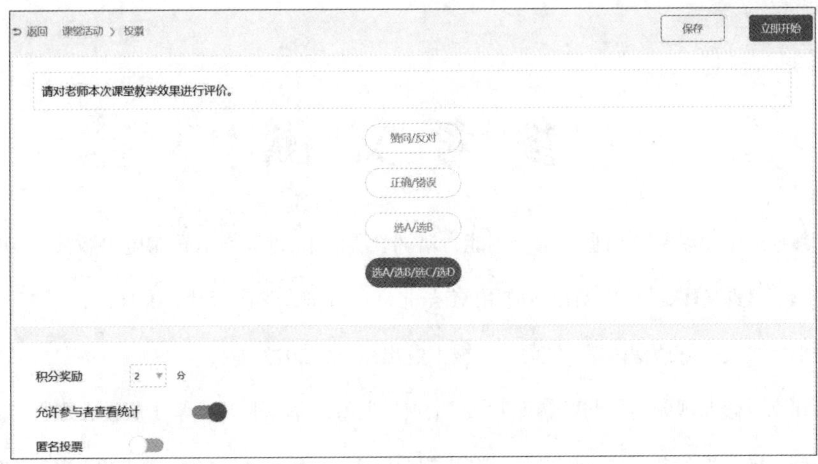

图8-45 教学评价设置

步骤 7 单击“统计”按钮，可按班级、资源、课程等进行分类统计，并以可视化图表的方式显示统计的结果，如图8-46所示。

图8-46 课程统计设置

步骤 8 最终的课程门户可通过链接进行访问，如图8-47所示。

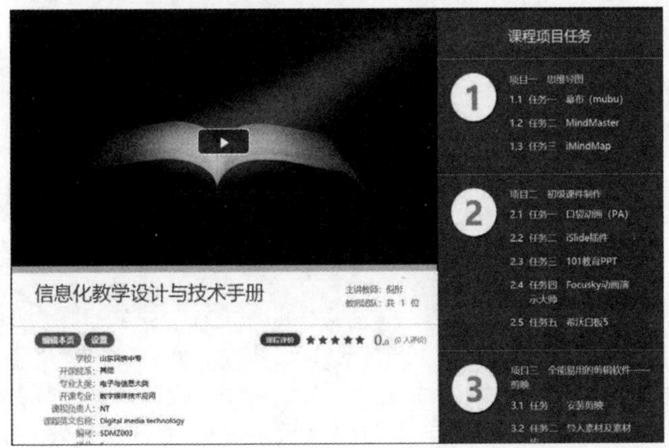

图8-47 课程访问链接生成

参 考 文 献

[1] 方其桂．中小学教师信息技术应用能力培训教程[M]．北京：人民邮电出版社，2016.

[2] 倪彤．微课/慕课设计、制作与应用[M]．北京：清华大学出版社，2016.

[3] 胡小勇．设计好微课[M]．北京：机械工业出版社，2017.

[4] 马九克．微课视频制作与翻转课堂教学[M]．上海：华东师范大学出版社，2016.

[5] 吴疆．微课程和多媒体课件设计与制作规范[M]．2 版. 北京：人民邮电出版社，2016.

[6] 杨欢耸．多媒体课件制作[M]．北京：电子工业出版社，2017.